AF359357

CATALOGUE

DE LA

BIBLIOTHÈQUE-CHARPENTIER

EUGÈNE FASQUELLE

ÉDITEUR

11, rue de Grenelle, 11

PARIS

Tous les ouvrages in-18 jésus, ou d'un format moindre, portés sur notre Catalogue (sauf ceux d'un prix inférieur à 3 fr. 50), sont expédiés franco par poste dans les pays faisant partie de l'Union postale contre l'envoi de leur prix en mandat-poste à l'ordre de **M. Eugène Fasquelle**, éditeur, 11, rue de Grenelle, Paris.

Les volumes de format in-8° sont expédiés en port dû

Juin 1898

ŒUVRES POÉTIQUES

DE

ANDRÉ CHÉNIER

Édition ornée de 15 compositions

DE

BIDA

GRAVÉES A L'EAU-FORTE PAR

COURTRY, CHAMPOLLION, MONZIÈS

Et des Portraits de Fanny et de Marie Cosway d'après les originaux du temps, gravés à l'eau-forte par F. Desmoulin.

Un magnifique volume in-4° raisin.

TIRAGE :

400 exemplaires sur papier de Hollande, numérotés. Prix. . . . . **100 fr.**

50 exemplaires sur papier Whatman avec double suite des gravures *sur Hollande et sur Japon.* Prix.   **150 fr.**

12 exemplaires sur papier impérial du Japon avec triple suite des épreuves sur *Hollande, Japon et parchemin.* Prix . . . . **250 fr.**

Les 12 exemplaires sur Japon sont tous souscrits.

CATALOGUE

DE LA

BIBLIOTHÈQUE-CHARPENTIER

EUGÈNE FASQUELLE, ÉDITEUR

11, RUE DE GRENELLE, 11

PARIS

BIBLIOTHÈQUE-CHARPENTIER

à 3 fr. 50 le volume.

— en demi-chagrin, tranches jaspées. . **5 fr.** »
— en demi-veau poli, tranches jaspées. **5 fr.** »

AIMÉ MARTIN

L'ÉDUCATION DES MÈRES DE FAMILLE . . . . 2 vol.

AÏSSÉ (Mᴵᴵᵉ)

LETTRES suivies des **LETTRES PORTUGAISES** et de celles de Montesquieu et de madame Du Deffant au chevalier d'Aydie, etc., édition EUGÈNE ASSE, *couronnée par l'Acad. française* et ornée d'un *portrait* de mademoiselle Aïssé, fac-similé d'une gravure du temps. . . 1 vol.

ALEXANDRE (CHARLES)

SOUVENIRS SUR LAMARTINE . . . . 1 vol.

ALEXIS (PAUL)

LA FIN DE LUCIE PELLEGRIN (2ᵉ mille) . . . . . . 1 vol.
LE BESOIN D'AIMER (2ᵉ mille) . . . . 1 vol.
L'ÉDUCATION AMOUREUSE (2ᵉ mille) . . . . 1 vol.
MADAME MEURIOT (3ᵉ mille) . . . . 1 vol.
EMILE ZOLA, Notes d'un Ami, avec des vers inédits d'Émile Zola . . . . 1 vol.
TRENTE ROMANS (2ᵉ mille) . . . . 1 vol.
LA COMTESSE (2ᵉ mille) . . . . 1 vol.
(Voir pages 41, 47 et 50.)

ALFIERI

MÉMOIRES, traduction de M. ANTOINE DE LATOUR . . . . . . 1 vol.

ALLARD (LÉON)

LES FICTIONS (2ᵉ mille) . . . . 1 vol.
(Voir page 45.)

AMAURY-DUVAL

L'ATELIER D'INGRES . . . . 1 vol.

ARÈNE (JULES)

LA CHINE FAMILIÈRE (2ᵉ mille) . . . . 1 vol.

ARÈNE (PAUL)

LA GUEUSE PARFUMÉE. — RÉCITS DE PROVENCE. — Jean des Figues. — Le Tor d'Entrays. — Le clos des âmes. — La mort de Pan. — Le canot des six Capitaines (3ᵉ mille) . . . . 1 vol.

1

ARÈNE (Paul)

AU BON SOLEIL (2e mille). . . . .   1 vol.
PARIS INGÉNU (2e mille) . . . .   1 vol.
LES OGRESSES (2e mille) . . . .   1 vol.
(Voir pages 42, 50).

ARISTOPHANE

COMÉDIES. Traduction CH. ZÉVORT. (Voir page 42) . . . . .   1 vol.

ARTIGUES (Mme D')

LETTRES DE FEMMES. . . . .   1 vol.

ASTRUC (Zacharie)

ROMANCERO DE L'ESCORIAL. Poèmes d'Espagne. . .   1 vol.

BAIF (A. DE)

POÉSIES CHOISIES, suivies de poésies inédites publiées par M. L.
BECQ DE FOUQUIÈRES. — Édition ornée d'un portrait gravé à l'eau-forte
par M. ADRIEN FÉART. . . . .   1 vol.

BALLIÈRE (Achille)

SOUVENIRS D'UN ÉVADÉ DE NOUMÉA. . . . . .   1 vol.

BANVILLE (Théodore de)

ESQUISSES PARISIENNES. . . . .   1 vol.
CONTES POUR LES FEMMES, ornés d'un dessin de
G. Rochegrosse (4e mille) . . . .   1 vol.
CONTES FÉERIQUES, ornés d'un dessin de G. Rochegrosse.   1 vol.
CONTES HÉROIQUES, ornés d'un dessin de G. Rochegrosse.   1 vol.
CONTES BOURGEOIS, ornés d'un dessin de G. Rochegrosse
(2e mille) . . . .   1 vol.
POÉSIES COMPLÈTES. Tome I. Odes funambulesques.   1 vol.
—   Tome II. Les Exilés. . . . . . .   1 vol.
—   Tome III. Les Cariatides (édi-
                        tion définitive). . . . .   1 vol.
NOUS TOUS (poésies nouvelles), avec un dessin de G. Roche-
grosse . . . .   1 vol.
SONNAILLES ET CLOCHETTES (Poésies nouvelles). avec un
dessin de G. Rochegrosse (2e mille) . . . .   1 vol.
COMÉDIES. — Le feuilleton d'Aristophane. — Le beau Léandre.
— Le cousin du Roi. — Diane au bois, etc. . . . . .   1 vol.
PETIT TRAITÉ DE POÉSIE FRANÇAISE, suivi d'études
sur Pierre de Ronsard et Jean de La Fontaine. . . . .   1 vol.
LA LANTERNE MAGIQUE. . . . .   1 vol.
MES SOUVENIRS (3e mille). . . . .   1 vol.
PARIS VÉCU (2e mille) . . . .   1 vol.
L'ÂME DE PARIS (2e mille). . . . .   1 vol.
LETTRES CHIMÉRIQUES, ornées d'un dessin de G. Roche-
grosse (2e mille). . . . .   1 vol.
DAMES ET DEMOISELLES. . . . .   1 vol.
LES BELLES POUPÉES, ornées d'un dessin de G. ROCHE-
GROSSE. . . . .   1 vol.
MARCELLE RABE, av. un dessin de G. Rochegrosse (3e mille). 1 vol.
DANS LA FOURNAISE (dernières poésies). . . . . . .   1 vol.
(Voir page 50.)

BARBIER

**CHRONIQUE DE LA RÉGENCE ET DU RÈGNE DE
LOUIS XV (1718-1763) ou JOURNAL DE BARBIER**,
avocat au Parlement de Paris. PREMIÈRE ÉDITION COMPLÈTE publiée
d'après le manuscrit autographe de l'auteur, avec notes, éclaircissements et un index. . . . .   8 vol.

BARBUSSE (Henri)

PLEUREUSES, poésies . . . .   1 vol.

BARDOUX

DIX ANS DE VIE POLITIQUE. . . . .   1 vol.

BAROT (Odysse)

HISTOIRE DE LA LITTÉRATURE CONTEMPORAINE EN ANGLETERRE (1830-1874), 2e mille. . . . . .   1 vol.

BARRÈS (Maurice)

SOUS L'ŒIL DES BARBARES, édition augmentée d'un examen des trois idéologies. . . . .   1 vol.
UN HOMME LIBRE. . . . .   1 vol.
LE JARDIN DE BÉRÉNICE. . . . .   1 vol.
L'ENNEMI DES LOIS. . . . .   1 vol.
DU SANG, DE LA VOLUPTÉ ET DE LA MORT (6e mille). . . . .   1 vol.
LE ROMAN DE L'ÉNERGIE NATIONALE :
    Les Déracinés (12e mille) . . . .   1 vol.
    L'appel au soldat . . . .   1 vol.
    L'appel au juge (voir page 52.) . . . .   1 vol.

BASHKIRTSEFF (Marie)

JOURNAL, de Marie Bashkirtseff, avec un portrait de l'auteur (12e mille). . . . .   2 vol.
LETTRES, de Marie Bashkirtseff, avec quatre portraits, des fac-similés d'autographes et de croquis, et une préface par François COPPÉE, de l'Académie française (4e mille). . . . .   1 vol.

BAUER (Henry)

UNE COMÉDIENNE (3e mille). . . . .   1 vol.
MÉMOIRES D'UN JEUNE HOMME (3e mille). . . . .   1 vol.

BECQ DE FOUQUIÈRES (L.)

DOCUMENTS NOUVEAUX SUR ANDRÉ CHÉNIER, et EXAMEN CRITIQUE de la nouvelle édition de ses œuvres, accompagnés d'appendices relatifs au marquis de Brazais, aux frères Trudaine, à F. de Pange, etc., etc. . . . .   1 vol.
ŒUVRES CHOISIES DES POÈTES FRANÇAIS DU XVIe SIÈCLE. . . . .   1 vol.
TRAITÉ DE DICTION. . . . .   1 vol.
L'ART DE LA MISE EN SCÈNE (Voir page 48). . . .   1 vol.

BECQUE (Henry)

THÉÂTRE COMPLET (3e mille). . . . .   2 vol.

BEECHER-STOWE (Mme H.)

LA CASE DE L'ONCLE TOM, traduction nouvelle par madame Sw. BELLOC ; augmentée d'une préface nouvelle de l'auteur pour cette traduction, et d'une notice sur sa vie par madame BELLOC. Édition ornée d'un beau portrait de l'auteur, gravé par GIRARD. . . . .   1 vol.

BERGERAT (Émile)

THÉOPHILE GAUTIER. Biographie, Entretiens, Correspondance, avec une préface de EDMOND DE GONCOURT et une eau-forte de Félix Bracquemond (3e mille). . . . .   1 vol.
LE RIRE DE CALIBAN, avec une préface par ALPHONSE DAUDET (2e mille) . . . .   1 vol.
THÉÂTRE EN VERS. — Enguerrande — La Nuit Bergamasque. — Le Capitaine Fracasse (Voir page 50.) . . . .   1 vol.

BERNARDIN DE SAINT-PIERRE

PAUL ET VIRGINIE, suivi de la Chaumière Indienne et du Café de Surate. Édition précédée d'une notice sur l'auteur, écrite par lui-même, et d'un étude sur l'Amour ingénu, par SAINT-MARC GIRARDIN.   1 vol.

BÉROALDE DE VERVILLE

LE MOYEN DE PARVENIR. — Œuvre contenant la raison de ce qui a été, est et sera, avec démonstration certaine selon la rencontre des effets de la vertu ; revu, corrigé et mis en meilleur ordre, et publié pour la première fois avec un Commentaire historique et philologique, accompagné de Notices littéraires, par PAUL L. JACOB, bibliophile. . . . . **1 vol.**

BERT (PAUL)

LA MORALE DES JÉSUITES (21e mille). . . . . **1 vol.**
LEÇONS, DISCOURS ET CONFÉRENCES. . . . . . **1 vol.**
DISCOURS PARLEMENTAIRES. . . . . **1 vol.**

BERTIN (Mlle LOUISE)

NOUVELLES GLANES. Poésies. . . . . **1 vol.**

BERTON (CLAUDE)

LA CONVERSION d'ANGÈLE . . . . **1 vol.**
AU COIN D'UN BOIS. . . . . **1 vol.**

BIART (LUCIEN)

LABORDE ET Cie . . . . **1 vol.**
L'EAU DORMANTE. — Extrait des mémoires du docteur Bernagius. — Ce que femme peut. — Silvéria. — L'eau dormante. — Dona Luz. — La grotte de San-Francisco. . . . . **1 vol.**
LA TERRE CHAUDE (Scènes de mœurs mexicaines). . . **1 vol.**
LA CAPITANA. Mémoires du docteur Bernagius. . . . . . **1 vol.**
　　(Voir *Nouvelle Collection*, page 44.)

BIGOT (CHARLES)

LES CLASSES DIRIGEANTES (2e mille). . . . . **1 vol.**
LA FIN DE L'ANARCHIE. . . . . **1 vol.**

BLANC (LOUIS)

HISTOIRE DE LA CONSTITUTION. . . . . **1 vol.**

BLÉMONT (ÉMILE)

POMMIERS EN FLEUR . . . . **1 vol.**

BOCCACE

LE DÉCAMÉRON, traduction FRANCISQUE REYNARD. . . . . **2 vol.**
　　La même traduction a été publiée en une édition compacte. . **1 vol.**

BOGDANOVITCH (Général EUGÈNE)

LA BATAILLE DE NAVARIN 1827, d'après les documents inédits des archives impériales russes. Traduction du russe.　**1 vol.**

BOILEAU-DESPRÉAUX

ŒUVRES POÉTIQUES. — Édition collationnée sur les meilleurs textes, — avec une notice biographique ; — les variantes et les corrections de l'auteur ; — des notes choisies dans tous les commentateurs ; — une annotation nouvelle et un index ; — (édition CHARLES LOUANDRE). . . . . **1 vol.**

BONNETAIN (PAUL)

L'OPIUM (6e mille). . . . . **1 vol.**
LE NOMMÉ PERREUX (4e mille). . . . . **1 vol.**
AMOURS NOMADES (2e mille) . . . . **1 vol.**
AU TONKIN (4e mille). . . . . **1 vol.**

BOSQ (PAUL)

DÉSILLUSION. . . . . **1 vol.**

BOSSUET

DISCOURS SUR L'HISTOIRE UNIVERSELLE, précédé d'une notice biographique et de la liste des ouvrages de Bossuet (édition CHARLES LOUANDRE). . . . . **1 vol.**
ŒUVRES PHILOSOPHIQUES, avec une introduction de M. JULES SIMON. . . . . **1 vol.**

BOUCHOR (Maurice)

LES CHANSONS JOYEUSES. Poésies (Dans la Forêt. — Variations sur quelques airs de Shakespeare. — Chansons joyeuses).   1 vol.

LES POÈMES DE L'AMOUR ET DE LA MER.   1 vol.

LE FAUST MODERNE. Histoire humoristique en vers et en prose.   1 vol.

L'AURORE   1 vol.

LES SYMBOLES.   1 vol.

BOUHÉLIER (St. Georges de)

ÉGLÉ OU LES PLAISIRS CHAMPÊTRES (2e mille)   1 vol.

BOURDE (Paul)

A TRAVERS L'ALGÉRIE   1 vol.

BRACQUEMOND

DU DESSIN ET DE LA COULEUR   1 vol.

BRANTÈS (Alix)

JEAN GOYON   1 vol.

BRANTOME

VIE DES DAMES GALANTES. Nouvelle édition revue d'après les meilleurs textes, avec une préface historique et critique, et des annotations, par H. VIGNEAU.   1 vol.

BRETON (Jules)

JEANNE. Poème   1 vol.

BRILLAT-SAVARIN

PHYSIOLOGIE DU GOUT, ou *méditations de gastronomie transcendante;* ouvrage théorique, historique et à l'ordre du jour, dédié aux gastronomes parisiens, par BRILLAT-SAVARIN. Nouvelle édition précédée d'une notice sur l'auteur et accompagnée des ouvrages suivants : TRAITÉ DES EXCITANTS MODERNES, par H. de Balzac; — LA GASTRONOMIE, de Berchoux; — L'ART DE DINER EN VILLE, de Colnet; — ANECDOTES ET FRAGMENTS D'HISTOIRE CULINAIRE, par des amateurs; — PENSÉES ET PRÉCEPTES recueillis par un philosophe; — RECETTES ET FORMULES, par un cordon bleu, etc.   1 vol.

BRULAT (Paul).

L'AME ERRANTE.   1 vol.

LA REDEMPTION   1 vol.

L'ENNEMIE.   1 vol.

BURTY (Philippe)

MAITRES ET PETITS MAITRES   1 vol.
(Voir page 45).

BUSNACH (William)

TROIS PIÈCES : L'ASSOMMOIR, NANA, POT-BOUILLE, avec trois préfaces, par EMILE ZOLA (2e mille).   1 vol.
(Voir page 50.)

BUSSY-RABUTIN

MÉMOIRES, SUIVIS DE L'HISTOIRE AMOUREUSE DES GAULES, avec une préface, des notes et des tables, par LUDOVIC LALANNE.   2 vol.

BYRON

DON JUAN, traduit en vers français.   2 vol.

CALDERON

THÉATRE, traduction nouvelle avec une introduction et des notes, par M. DAMAS-HINARD.   3 vol.

CANIVET (Ch.)

PAUVRES DIABLES . . . . 1 vol.

CANONGE (Général Frédéric)

HISTOIRE MILITAIRE CONTEMPORAINE (4e mille). 2 vol.
(Voir page 48)

CANTEL (Henri)

LES POÈMES DU SOUVENIR . . . . 1 vol.

CARLA SERENA (Mme)

LES HOMMES ET LES CHOSES EN PERSE. Édit. ornée
du portrait de l'auteur par F. DESMOULIN et de cinq dessins par COLOM-
BANI . . . . 1 vol.

SEULE DANS LES STEPPES. Épisode de mon voyage aux pays
des Kalmoucks et des Kirghis. Ed. ornée de dessins par A. BRUN.   1 vol.

CASTAGNARY

SALONS (1857-1879) . . . . 2 vol.

CAYLUS (Mme DE)

SOUVENIRS ET CORRESPONDANCE. Édition complète, pu-
bliée avec notes, notices, etc., par E. RAUNIÉ . . . . 1 vol.

CÉARD (Henry)

UNE BELLE JOURNÉE (2e mille) . . . . 1 vol.
(Voir pages 41, 47 et 50.)

CERVANTÈS

DON QUICHOTTE DE LA MANCHE, traduction de M. DAMAS-
HINARD . . . . 2 vol.

CÉSAR (Jules)

COMMENTAIRES. — GUERRE DES GAULES. — Traduc-
tion nouvelle, avec le texte latin, des notes et un index, par CHARLES
LOUANDRE. . . . . 1 vol.

CHAILLEY (Joseph)

PAUL BERT AU TONKIN . . . . 1 vol.

CHAMPION (Edme)

LA PHILOSOPHIE DE L'HISTOIRE DE FRANCE. 1 vol.

CHANNING

TRADUCTION AVEC INTRODUCTION ET NOTICES PAR ÉDOUARD LABOULAYE.

ŒUVRES SOCIALES (De l'Éducation personnelle. — De l'Élé-
vation des classes ouvrières. — De la Tempérance. — Les Droits et les
Devoirs des pauvres), précédées d'un Essai sur la vie et la doctrine de
Channing . . . . 1 vol.

CHARLES (Ernest)

THÉORIES SOCIALES ET POLITICIENS . . . . . 1 vol.

CHASLES (Philarète)

MÉMOIRES. En vente les tomes 1 et 2 . . . . 3 vol.

CHÉNIER (André)

POÉSIES (Idylles). — Fragments d'idylles. — Élégies. — Fragments
d'élégies. — Épitres. — Poèmes. — Poésies diverses. — Hymnes. —
Odes. — Iambes, etc., etc.). Notice par H. DE LATOUCHE . . . . 1 vol.

ŒUVRES EN PROSE. Nouvelle édition, revue sur les textes originaux, précédée d'une Étude sur la vie et les écrits politiques d'André
Chénier et sur la Conspiration de Saint-Lazare, accompagnée de Notes
historiques et d'un Index, par L. BECQ DE FOUQUIÈRES . . .   1 vol.
(Voir page 48.)

CICÉRON

**DISCOURS POUR ARCHIAS. — CATON L'ANCIEN
OU DE LA VIEILLESSE — LELIUS OU DE L'AMI-
TIÉ.** Traduction de PESSONNEAUX. . . . .   1 vol.

CIM (ALBERT)

JEUNESSE. . . . .   1 vol.

CLADEL (LÉON)

BONSHOMMES.— Titi Foyssac IV.— Dux.— Mère Blanche.   1 vol.
N'A QU'UN ŒIL . . . .   1 vol.

CLAIRIN (ÉMILE)

LE CLÉRICALISME DE 1789 A 1870 . . . .   1 vol.

CLARETIE (JULES)

LA VIE A PARIS (1895) (2ᵉ mille) . . . .   1 vol.
LA VIE A PARIS (1896) (2ᵉ mille). . . . .   1 vol.
LA VIE A PARIS (1897) (2ᵉ mille) . . . .   1 vol.
BRICHANTEAU, Comédien français. (10ᵉ mille) . . . . .   1 vol.
L'ACCUSATEUR (9ᵉ mille). . . . .   1 vol.
LA PRINCESSE . . . .   1 vol.

CLAUDIN (GUSTAVE)

TROIS ROSES DANS LA RUE VIVIENNE (3ᵉ mille).   1 vol.
LES CAPRICES DE DIOMEDE (2ᵉ mille). . . . . . .   1 vol.
FOSCA. . . . .   1 vol.

CLÉMENCEAU (GEORGES)

LA MÊLÉE SOCIALE (7ᵉ mille). . . . .   1 vol.
LE GRAND PAN (3ᵉ mille). . . . .   1 vol.
LES PLUS FORTS. Roman contemporain (6ᵉ mille). . . .   1 vol.

C. COLLET ET É. LE SENNE

A PROPOS D'ANDRÉ CHÉNIER. Étude sur la propriété des
œuvres posthumes. . . . .   1 vol.

CONFUCIUS ET MENCIUS

**LES QUATRE LIVRES DE PHILOSOPHIE MORALE
ET POLITIQUE DE LA CHINE,** traduits par PAUTHIER. 1 vol.

CONSTANT (BENJAMIN)

ADOLPHE, anecdote trouvée dans les papiers d'un inconnu, suivie des
Réflexions sur le théâtre allemand. Nouvelle édition précédée d'une notice
par GUSTAVE PLANCHE. . . . .   1 vol.
ŒUVRES POLITIQUES, avec introduction, notes et index, par
CHARLES LOUANDRE . . . .   1 vol.

CONTEURS FRANÇAIS (CHEFS-D'ŒUVRE DES)

PUBLIÉS AVEC DES INTRODUCTIONS, DES NOTES HISTORIQUES ET LITTÉRAIRES
ET DES INDEX, PAR CHARLES LOUANDRE.

I. — CONTEURS FRANÇAIS AVANT LA FONTAINE,
(1050-1650). . . . .   1 vol.
**II. — CONTEURS FRANÇAIS CONTEMPORAINS DE LA
FONTAINE,** XVIIᵉ siècle. . . . .   1 vol.
III. — CONTEURS FRANÇAIS APRÈS LA FONTAINE
XVIIIᵉ siècle. . . . .   1 vol.

CORNEILLE (Pierre et Thomas)

ŒUVRES. — Édition variorum collationnée sur les meilleurs textes, précédée de la Vie de Pierre Corneille, rédigée d'après les documents anciens et nouveaux; — avec les variantes et les corrections de Pierre Corneille, ses dédicaces, ses avertissements et ses examens; — ses trois discours sur la tragédie; — accompagnée de notices historiques et littéraires sur chaque pièce des deux Corneille, ainsi que de notes historiques, philologiques et littéraires formant le résumé des travaux de Voltaire, du P. Brumoy, de l'abbé Le Batteux, Palissot, Victorin Fabre, Ginguené, Napoléon, Guizot, Saint-Marc Girardin, Sainte-Beuve, Nisard, Taschereau (édition Charles Louandre). . . . .　2 vol.

COTTEAU (Edmond)

PROMENADES DANS LES DEUX AMÉRIQUES (2ᵉ m.) 1 vol.

COURMES (Alfred)

JOURS D'AMOUR. . . . .　1 vol.

COURRIÈRE

HISTOIRE DE LA LITTÉRATURE CONTEMPORAINE EN RUSSIE (2ᵉ mille) . . . .　1 vol.
HISTOIRE DE LA LITTÉRATURE CONTEMPORAINE CHEZ LES SLAVES . . . .　1 vol.

COUTURIER (Claude)

CHANSONS POUR TOI. Poésies . . . .　1 vol.
NISE. . . . .　1 vol.
L'INESPÉRÉ. (Voir page. 51.). . . . .　1 vol.

DALBRET (Jean)

COUSINE HÉLÈNE (2ᵉ mille) . . . .　1 vol.

DANCOURT

COMÉDIES (1685-1714), ouvrage accompagné d'une étude historique et anecdotique, par Ch. Barthélemy. . . . .　1 vol.

DANIEL (André)

L'ANNÉE POLITIQUE, 1ʳᵉ à 24ᵉ année (1874 à 1897). . . . .　24 vol.
Les quatre premières années (1874, 1875, 1876, 1877) de cette série sont épuisées.

DANTE

LA DIVINE COMÉDIE, traduction Brizeux, suivie de la **VIE NOUVELLE,** traduction Delécluze, et accompagnée de notes, de commentaires et d'une étude par M. Ch. Labitte. . . . . . .　1 vol.
LA VITA NUOVA (La vie nouvelle). Traduction accompagnée de commentaires par Max Durand-Fardel . . . .　1 vol.

DARC (Daniel)

REVANCHE POSTHUME. . . . .　1 vol.
LE PÉCHÉ D'UNE VIERGE. . . . .　1 vol.
LA COULEUVRE. . . . .　1 vol.

DAUDET (Alphonse)

LES AMOUREUSES. Poèmes et Fantaisies. 1857-1861 (La double conversion. — Les aventures d'un Papillon et d'une Bête à bon Dieu. — Le roman du Chaperon-Rouge. — Les âmes du Paradis. — L'amour trompette. — Les rossignols du cimetière). . . . .　1 vol.
LE PETIT CHOSE. — Nouvelle édition. . . . .　1 vol.
LETTRES DE MON MOULIN. — Édition définitive. . .　1 vol.
FROMONT JEUNE ET RISLER AINÉ, mœurs parisiennes, ouvrage couronné par l'Académie française (95ᵉ mille) . . . . .　1 vol.
CONTES DU LUNDI. — Nouv. édit. revue et augmentée. .　1 vol.
LE NABAB, mœurs parisiennes (104ᵉ mille), avec une DÉCLARATION de l'auteur. . . . .　1 vol.

NUMA ROUMESTAN (80ᵉ mille). . . . . 1 vol.
SAPHO, Mœurs parisiennes (100ᵉ mille) . . . . 1 vol.
THEATRE (1ʳᵉ SÉRIE). L'Arlésienne. — Les Absents. — L'Œillet blanc. —
   Le Sacrifice. — La dernière Idole. — Le Frère aîné (3ᵉ édition). 1 vol.
   (2ᵉ SÉRIE). La Lutte pour la vie. — L'Obstacle. — Numa Roumestan. 1 vol.
SOUTIEN DE FAMILLE (Mœurs contemporaines).
   44ᵉ mille . . . . 1 vol.
   (Voir *Petite Bibliothèque-Charpentier*, page 42.) (Voir pages 41, 47, et 50.)

DAUDET (Mᵐᵉ A.)

IMPRESSIONS DE NATURE ET D'ART (2ᵉ mille). 1 vol.
JOURNÉES DE FEMMES . . . . 1 vol.

DAUDET (Ernest)

LE ROMAN D'UNE JEUNE FILLE (1770-1794)
   (4ᵉ mille) . . . . 1 vol.

DAUDET (Léon-A.)

GERME ET POUSSIÈRE (2ᵉ mille). . . . . 1 vol.
HŒRES (3ᵉ mille). . . . . 1 vol.
L'ASTRE NOIR (3ᵉ mille) . . . . 1 vol.
LES MORTICOLES (21ᵉ mille) . . . . 1 vol.
LES KAMTCHATKA (8ᵉ mille). . . . . 1 vol.
LES IDÉES EN MARCHE (2ᵉ mille). . . . . 1 vol.
LE VOYAGE DE SHAKESPEARE (6ᵉ mille). . . . 1 vol.
SUZANNE (11ᵉ mille). . . . . 1 vol.
LA FLAMME ET L'OMBRE (6ᵉ mille) . . . . 1 vol.
LA CORRUPTRICE. . . . . 1 vol.
ALPHONSE DAUDET. . . . . 1 vol.

DAYOT (Armand)

L'AVENTURE DE BRISCART. . . . . 1 vol.

DEBIDOUR

ÉTUDES CRITIQUES SUR LA RÉVOLUTION, etc. 1 vol.

DELACROIX (Eugène)

LETTRES RECUEILLIES ET PUBLIEES par Philippe
   Burty. . . . . 2 vol.

DELZANT (Alidor)

LES GONCOURT. 1 vol.

DÉMOSTHÈNE ET ESCHINE

CHEFS-D'ŒUVRE, traduits sur le texte des meilleures éditions critiques par J.-F. Stiévenart, doyen de la Faculté des lettres de
Dijon. . . . . 1 vol.

DEPRET (Louis)

VOYAGE DE LA VIE, notes et impressions. . . . . 1 vol.
   (Voir la *Nouvelle Collection*, page 45.)

DESBORDES-VALMORE (Mᵐᵉ)

POÉSIES (Idylles. — Élégies. — Romances. — Contes. — Pleurs et
pauvres fleurs. — Aux petits enfants). *Nouvelle édition* augmentée de
plusieurs pièces et précédée d'une notice sur la vie et les ouvrages de
l'auteur, par Sainte-Beuve. . . . . 1 vol.

DESCARTES

ŒUVRES, avec une introduction de M. J. Simon. . . . . . . 1 vol.

DESCHAUMES (Edmond)

LA KREUTZER (Voir nouvelle collection, page 45). . . . . 1 vol.

DESMAZE

HISTOIRE DE LA MÉDECINE LÉGALE EN
   FRANCE. . . . . 1 vol.
LES CRIMES ET LA DÉBAUCHE A PARIS. . . . 1 vol.

DESMOULINS (Camille)

ŒUVRES CHOISIES, publiées avec une Préface et des Notes par
M. Jules Claretie. . . . . 2 vol.

DESNOIRESTERRES (Gustave)
ÉPICURIENS ET LETTRES. . . . . 1 vol
LES ÉTAPES D'UNE PASSION. . . . . 1 vol.

DIDEROT
JACQUES LE FATALISTE ET SON MAITRE. Nouvelle édition accompagnée d'une préface, de notes et de variantes, par Louis Asseline et André Lefèvre. . . . . 1 vol.
LA RELIGIEUSE (même édition). . . . . 1 vol.

DONEL (Lucien)
COMICHE. . . . . 1 vol.

DOVÉRINE (Tchernoff)
L'ESPRIT NATIONAL RUSSE sous Alexandre III. . . 1 vol.

DU BELLAY (Joachim)
ŒUVRES CHOISIES, édition L. Becq de Fouquières. . . 1 vol.

DUBOIS-CRANCÉ
ANALYSE DE LA RɛVOLUTION FRANÇAISE depuis l'ouverture des États généraux jusqu'au 6 brumaire an IV de la République . . . . 1 vol.
(Voir page 48.)

DUBOST (Antonin)
DANTON & LA POLITIQUE CONTEMPORAINE 1 vol.

DUBUT DE LAFOREST (Louis)
LES DAMES DE LAMÉTE (2e mille). . . . . 1 vol.

DU CAMP (Maxime)
L'ATTENTAT FIESCHI (3e mille). . . . . 1 vol.

DU CHATELET (Mme)
LETTRES. Édition E. Asse, *couronnée par l'Acad. française*. . . 1 vol.

DUPUIT (Albert)
PAULINE TARDIVAU. . . . . 1 vol.

DUQUET (Alfred)
LA GUERRE D'ITALIE (1859), avec 8 cartes des opérations militaires (2e mille) . . . . 1 vol.
FRŒSCHWILLER, CHALONS, SEDAN, avec 5 cartes des opérations militaires (3e mille) . . . . 1 vol.
LES GRANDES BATAILLES DE METZ, avec 5 cartes des opérations militaires (4e mille). . . . . 1 vol.
LES DERNIERS JOURS DE L'ARMÉE DU RHIN avec 2 cartes des opérations militaires (2e mille) . . . . 1 vol.

Ouvrages couronnés par l'Académie française, (prix Berger).

PARIS. — LE QUATRE SEPTEMBRE & CHATILLON, avec 4 cartes des opérations militaires (3e mille). . . . . 1 vol.
PARIS. — CHEVILLY ET BAGNEUX avec 2 cartes des opérations militaires (2e mille). . . . . 1 vol.
PARIS. — LA MALMAISON (LE BOURGET ET LE TRENTE ET UN OCTOBRE), avec 2 cartes des opérations militaires, 1 plan de l'Hôtel de ville et 1 fac-simile. 2e mille . . . 1 vol.
PARIS. — THIERS. — LE PLAN TROCHU ET L'HAY, 2-29 NOVEMBRE, 1870, avec une carte des opérations militaires (2e mille). . . . . 1 vol.
PARIS. LES BATAILLES DE LA MARNE, 30 NOVEMBRE-8 DÉCEMBRE, avec cinq croquis et une carte des opérations militaires. 2e mille . . . . 1 vol.
PARIS. — SECOND ÉCHEC DU BOURGET ET PERTE D'AVRON, 9-31 DÉCEMBRE, avec 3 cartes des opérations militaires (2e mille). . . . . 1 vol.
PARIS. — LE BOMBARDEMENT ET BUZENVAL, 1er-22 JANVIER avec 2 cartes des opérations militaires. 1 vol.

DURANTY

LES SIX BARONS DE SEPTFONTAINES, suivi de : Mlle de
GALARDY, BRIC-A-BRAC, UN ACCIDENT. . . . .   1 vol.
LES MALHEURS D'HENRIETTE GÉRARD. . . .   1 vol.
LE PAYS DES ARTS (la Statue de M. de Montceaux — l'Atelier —
Bric-à-Brac — le peintre Louis Martin). . . . .   1 vol.

DURET (Théodore)

CRITIQUE D'AVANT-GARDE. . . . .   1 vol.
HISTOIRE DE FRANCE (1870-1873). . . . .   2 vol.

DUTEMPLE

EN TURQUIE D'ASIE, notes de voyage en Anatolie. Édition
ornée de 6 dessins d'A. BRUN, d'après des photographies de
BROUSSE. . . . .   1 vol.

DUVERT (F.-A.)

THÉATRE CHOISI. Édition ornée des portraits de Duvert et de
Lauzanne, gravés par NARGEOT, et accompagnée d'une notice sur
Duvert par FRANCISQUE SARCEY. . . . .   6 vol.
(Tomes II, III et IV épuisés.)

DUVIARD (Auguste)

SILHOUETTES PROVINCIALES. . . . .   1 vol.

ÉPINAY (Mme D')

MÉMOIRES contenant les détails sur ses liaisons avec les personnes
célèbres du dix-huitième siècle. *Seule édition complète* accompagnée
d'un grand nombre de lettres inédites de Grimm, Diderot, J.-J. Rousseau, avec des notes et éclaircissements par M. PAUL BOITEAU.   2 vol.

ERNOUF (Baron)

SOUVENIRS D'UN OFFICIER POLONAIS. . . . . .   1 vol.
DU WESER AU ZAMBEZE. (Excursion dans l'Afrique australe.
— Chez les Zoulous. — Souvenirs de Californie limité de l'alle-
mand). . . . .   1 vol.

ESCHYLE

THÉATRE, traduction nouvelle par M. ALEXIS PIERRON, couronnée par
l'Académie française. . . . .   1 vol.

ESCOFFIER (Henri)

MADAME RIPERT. . . . .   1 vol.

ESSARTS (Emmanuel des)

POÈMES DE LA RÉVOLUTION. . . . .   1 vol.

EUDEL (Paul)

COLLECTIONS ET COLLECTIONNEURS. . . . . .   1 vol.
(Voir page 48.)

EURIPIDE

THÉATRE, traduction nouvelle par M. ÉMILE PESSONNEAUX couronnée par l'Académie française. . . . .   1 vol.

FABRE (Ferdinand)

LE ROMAN D'UN PEINTRE (2e mille). . . . .   1 vol.
JULIEN SAVIGNAC (3e mille) . . . .   1 vol.
(Voir *Petite Bibliothèque-Charpentier*, page 42.)
LES COURBEZON (7e mille). . . . .   1 vol.
Mlle DE MALAVIEILLE . . . .   1 vol.
LE CHEVRIER. . . . .   1 vol.
(Voir *Petite Bibliothèque-Charpentier*, page 42.)
L'HOSPITALIERE. drame rustique en cinq parties. . . . .   1 vol.
MON ONCLE CELESTIN (4e mille). . . . .   1 vol.

LE ROI RAMIRE (2e mille)............................ 1 vol.
LUCIFER (4e mille)................................... 1 vol.
BARNABÉ (Nouvelle édition)........................ 1 vol.
MONSIEUR JEAN (4e mille).......................... 1 vol.
MADAME FUSTER.................................... 1 vol.
L'ABBÉ TIGRANE (13e mille)........................ 1 vol.
    (Voir *Petite Bibliothèque-Charpentier*, page 42).
TOUSSAINT GALABRU............................... 1 vol.
NORINE (5e mille).................................. 1 vol.
UN ILLUMINÉ....................................... 1 vol.
XAVIÈRE. (4e mille)................................ 1 vol.
TAILLEVENT. (3e mille)............................ 1 vol.
    (Voir *Nouvelle Collection*, page 44). — (Voir page 42.)
L'œuvre complète de cet auteur a été couronnée par l'Académie française.

FARE (Mis DE LA)

MÉMOIRES ET RÉFLEXIONS............... 1 vol.

FARINA (SALVATOR).

MON FILS. traduction de Francisque Reynard......... 1 vol.

FERRAND (LA PRÉSIDENTE)

LETTRES. Édition E. ASSE, *couronnée par l'Académie française.* 1 vol.

FERRY (G.)

SCÈNES DE LA VIE SAUVAGE AU MEXIQUE (Nouvelle
    édition).. 1 vol.

FÈVRE (HENRY)

AU PORT D'ARME................................... 1 vol.
LES LIENS FACTICES............................... 1 vol.

FLAUBERT (GUSTAVE)

MADAME BOVARY. mœurs de province. — ÉDITION DÉFINITIVE,
suivie des Réquisitoire, Plaidoirie et Jugement du PROCÈS INTENTÉ A
L'AUTEUR devant le Tribunal correctionnel de Paris (Audiences des
31 janvier et 7 février 1857)......................... 1 vol.
SALAMMBO. ÉDITION DÉFINITIVE avec documents nouveaux. 1 vol.
LA TENTATION DE SAINT ANTOINE (Édition défi-
nitive).. 1 vol.
TROIS CONTES (Un cœur simple. — La légende de Saint-Julien
l'Hospitalier. — Herodias, édition définitive)........... 1 vol.
L'EDUCATION SENTIMENTALE. Histoire d'un jeune
homme (édition définitive)........................... 1 vol.
PAR LES CHAMPS ET PAR LES GREVES (Voyage en Bre-
tagne), suivi de mélanges inédits (4e mille)............ 1 vol.
BOUVARD ET PECUCHET (œuvre posthume, nouv. edit.) 1 vol.
CORRESPONDANCE (5e mille).................... 4 vol.

FLEURY (MAURICE DE)

AMOURS DE SAVANTS (3e mille)............... 1 vol.

FOURNEL (VICTOR)

VOYAGES HORS DE MA CHAMBRE. — En Danemark. —
Une excursion en Suède. — La Hollande artistique, etc.... 1 vol.

FRANCE (HECTOR)

LES VA-NU-PIEDS DE LONDRES (3e mille)..... 1 vol.
LES NUITS DE LONDRES, LA PUDIQUE ALBION
(5e mille)... 1 vol.
SOUS LE BURNOUS (2e mille).................... 1 vol.
L'ARMÉE DE JOHN BULL......................... 1 vol.
SAC AU DOS A TRAVERS L'ESPAGNE (2e mille). 1 vol.
EN « POLICE COURT » (2e mille)................. 1 vol.

FRANK (Félix)

LA CHANSON D'AMOUR, poésies. . . . .   1 vol.

FRAPIÉ (Léon).

L'INSTITUTRICE DE PROVINCE . . . , ...   1 vol.

FRÉRON

LES CONFESSIONS DE FRÉRON (1719-1776), sa vie, souvenirs intimes et anecdotiques, ses pensées, recueillis et annotés par Ch. Barthélemy.   1 vol.

FRESCALY (Lieutenant Marcel Palat)

LE 6° MARGOUILLATS (2° mille) . . . .   1 vol.
FLEUR D'ALFA (2° mille). . . . .   1 vol.
MARIAGE D'AFRIQUE . . . .   1 vol.
JOURNAL DE ROUTE . . . .   1 vol.
(Voir page 45.)

GALIANI (L'Abbé)

LETTRES A Mme D'ÉPINAY, VOLTAIRE, DIDEROT, etc., etc. Édition E. Asse, *couronné par l'Académie française*. . .   2 vol.

GALICE (A.)

DON IGNACIO . . . .   1 vol.

GALLI

L'ARMÉE FRANÇAISE EN ÉGYPTE. Journal d'un officier de l'armée d'Égypte (1798-1801). . . . .   1 vol.

GAMBETTA (Léon)

DISCOURS ET PLAIDOYERS CHOISIS, avec notice biographique, par M. J. Reinach. Édition ornée du médaillon de Gambetta, par J.-P. Chaplain (5° mille). . . . .   1 vol.
(Voir *Discours complets*, p. 49.)

GAUTIER (Théophile)

POÉSIES COMPLÈTES (1830-1872). . . . .   2 vol.
ÉMAUX ET CAMÉES. Édition définitive, ornée d'une eau-forte par J. Jacquemart.   1 vol.
(Voir *Petite Bibliothèque-Charpentier*, p. 42. — Collection polychrome, p. 42.)
MADEMOISELLE DE MAUPIN (édition définitive). . .   1 vol.
(Voir *Petite Bibliothèque-Charpentier*, page 42.)
LE CAPITAINE FRACASSE. Édition définitive. . . . .   2 vol.
(Voir édition illustrée par Gustave Doré, page 47.)
LE ROMAN DE LA MOMIE. . . . .   1 vol.
(Voir *Petite-Bibliothèque-Charpentier*, page 42).
SPIRITE, nouvelle fantastique. . . . .   1 vol.
VOYAGE EN RUSSIE. . . . .   1 vol.
VOYAGE EN ESPAGNE (*Tras los montes*). . . . .   1 vol.
VOYAGE EN ITALIE (*Italia*) . . . .   1 vol.
ROMANS ET CONTES (Avatar. — Jettatura. — Arria Marcella. — La mille et deuxième nuit. — Le pavillon sur l'eau. — L'enfant aux souliers de pain. — Le chevalier double. — Le pied de momier. — La pipe d'opium. — Le club des Haschichins) . . . .   1 vol.
NOUVELLES (La morte amoureuse. — Fortunio. — La toison d'or. — Omphale. — Le petit chien de la marquise. — La chaîne d'or. — Le nid de rossignols. — Le roi Candaule. — Une nuit de Cléopâtre).   1 vol.
(Voir Fortunio. *Petite Bibliothèque-Charpentier*, page 42.)
TABLEAUX DE SIÈGE. — Paris (1870-1871) (La maison abandonnée. — Les animaux pendant le siège. — Saint-Cloud. — Le Versailles de Louis XIV, etc., etc.). . . . .   1 vol.
THÉÂTRE. — Mystère, Comédies et Ballets (Théâtre de Poche : (Une larme du Diable. — La Fausse conversion. — Pierrot posthume. — Le Tricorne enchanté. — Prologues. — L'Amour souffle où il veut. — Le Selam. — Ballets : Giselle. — La Péri. — Pâquerette. — Gemma. — Yanko le bandit. — Sacountala). (Nouvelle édition considérablement augmentée). . . . .   1 vol.

LES JEUNES-FRANCE, ROMANS GOGUENARDS (Sous la table. — Onuphrius. — Daniel Jovard. — Celle-ci et Celle-là. — Élias Wild manstadius. — Le bol de punch), suivis de CONTES HUMORISTIQUES (La cafetière. — Laquelle des deux. — L'âme de la maison. — Le garde national réfractaire. — Deux acteurs pour un rôle. — Une visite nocturne. — Feuillets de l'album d'un jeune rapin. — De l'obésité en littérature). . . . . 1 vol.
(Voir *Petite Bibliothèque-Charpentier*, page 42.)

HISTOIRE DU ROMANTISME, suivie de NOTICES ROMANTIQUES et d'une étude sur les PROGRÈS DE LA POÉSIE FRANÇAISE (1830-1868). (Nouvelle édition) . . . . 1 vol.

PORTRAITS CONTEMPORAINS (Littérateurs. — Peintres. — Sculpteurs. — Artistes dramatiques), avec un Portrait de Théophile Gautier, d'après une gravure à l'eau-forte par lui-même, vers 1833 . . . . 1 vol.

L'ORIENT . . . . 2 vol.
FUSAINS ET EAUX-FORTES . . . . 1 vol.
TABLEAUX A LA PLUME . . . . 1 vol.
LES VACANCES DU LUNDI . . . . 1 vol.
CONSTANTINOPLE (Nouvelle édition) . . . . 1 vol.
LOIN DE PARIS . . . . 1 vol.
LES GROTESQUES (Nouvelle édition) . . . . 1 vol.
PORTRAITS ET SOUVENIRS LITTÉRAIRES. 1 vol.
LE GUIDE DE L'AMATEUR AU MUSÉE DU LOUVRE . . . . 1 vol.
SOUVENIRS DE THÉATRE, D'ART ET DE CRITIQUE . . . . 1 vol.
CAPRICES ET ZIGZAGS . . . . 1 vol.
UN TRIO DE ROMANS. — Les Roués innocents. — Militona. — Jean et Jeannette . . . . 1 vol.
PARTIE-CARRÉE . . . . 1 vol.
LA NATURE CHEZ ELLE. — MÉNAGERIE INTIME . . . . 1 vol.
ENTRETIENS, SOUVENIRS & CORRESPONDANCE, recueillis par E. BERGERAT . . . . 1 vol.

GAUTIER (JUDITH)

LES PEUPLES ÉTRANGES . . . . 1 vol.
(Voir page 50.)

* * *

GAZETTE DE LA RÉGENCE (1715-1719), avec des annotations et un index, par le comte E. DE BARTHÉLEMY . . . 1 vol.

GEFFROY (GUSTAVE)

NOTES D'UN JOURNALISTE . . . . 1 vol.
LE CŒUR ET L'ESPRIT . . . . 1 vol.
L'ENFERMÉ, avec un masque de Blanqui, eau-forte de F. Braquemond (3e mille) . . . . 1 vol.
PAYS D'OUEST (2e mille) . . . . 1 vol.
L'APPRENTIE . . . . 1 vol.

GÉRARD DE NERVAL

VOYAGE EN ORIENT (LES FEMMES DU CAIRE. — Les Mariages cophtes. — Les Esclaves. — Le Harem. — Les Pyramides. — La Cangue. — La Santa Barbara. — DRUSES ET MARONITES. — Un prince du Liban. — Le Prisonnier. — Histoire du calife Hakem. — L'Anti-Liban. — LES NUITS DU RAMAZAN. — Stamboul. — Théâtres et fêtes. — Les Conteurs. — HISTOIRE DE LA REINE DU MATIN ET DE SOLIMAN, PRINCE DES GÉNIES. LE BAÏRAM, etc.). 8e édition corr. et augmentée, avec une préface par THÉOPHILE GAUTIER . . . . 2 vol.

GINISTY (PAUL)

L'ANNÉE LITTÉRAIRE 1886, avec une préface de HENRY FOUQUIER . . . . 1 vol.
L'ANNÉE LITTÉRAIRE 1887, avec une préface de JULES LEMAITRE . . . . 1 vol.

L'ANNÉE LITTÉRAIRE 1888, avec une préface de
JULES CLARETIE, de l'Académie française. . . . .   1 vol.

L'ANNÉE LITTÉRAIRE 1889, avec une préface de
FRANÇOIS COPPÉE, de l'Académie française. . . . .   1 vol.

L'ANNÉE LITTÉRAIRE 1890, avec une préface de
JEAN RICHEPIN. . . . .   1 vol.

L'ANNÉE LITTÉRAIRE 1891, avec une préface de
ANATOLE FRANCE. . . . .   1 vol.

L'ANNÉE LITTÉRAIRE 1892, avec une préface de
HENRIK IBSEN. . . . .   1 vol.

L'ANNÉE LITTÉRAIRE 1893, avec une préface de
HENRY HOUSSAYE. . . . .   1 vol.

GIRAUD (EUGÈNE)

LA FILLE DE M. TOINET . . . .   1 vol.

GŒTHE

THÉATRE (Gœtz de Berlichingen. — Egmont. — Clavijo. — Iphigénie
en Tauride. — Torquato Tasso. — La fille naturelle. — Les complices. —
Le frère et la sœur. — Le triomphe de la sensibilité. — Jery et Bætely.
— Stella. — Le grand Cophte. — Le général citoyen. — Les révoltés.)
Traduction d'ALBERT STAPFER, revisée et précédée d'une étude par
M. THÉOPHILE GAUTIER fils. . . . .   2 vol.

POESIES, traduites par M. HENRI BLAZE. . . . .   1 vol.

LE FAUST, seule traduction complète, précédée d'un Essai sur Gœthe,
accompagnée de notes et de commentaires et suivie d'une étude sur la
mystique du poème, par M. HENRI BLAZE (15e édition). . . . .   1 vol.

WILHELM MEISTER, traduction TH. GAUTIER fils. . . .   2 vol.

WERTHER, traduction précédée de considérations sur la poésie de
notre époque, par PIERRE LEROUX, suivi de **HERMANN ET DO-
ROTHÉE**, traduction avec une préface, par M. X. MARMIER.   1 vol.

(Voir *Petite Bibliothèque-Charpentier*, page 42.)

LES AFFINITÉS ÉLECTIVES, traduction CAMILLE
SELDEN. . . . .   1 vol.

MÉMOIRES (Extraits de ma vie. — Poésie et réalité. — Voyages.)
Traduction nouvelle par madame la baronne de CARLOWITZ. .   2 vol.

CORRESPONDANCE ENTRE GŒTHE ET SCHILLER,
traduction de madame la baronne DE CARLOWITZ, revisée et précédée
d'une étude sur Gœthe et Schiller, par M. SAINT-RENÉ TAILLAN-
DIER. . . . .   2 vol.

CONVERSATIONS DE GŒTHE pendant les dernières années
de sa vie (1822-1832) recueillies par ECKERMANN, traduites en entier, pour
la première fois, par M. ÉMILE DÉLEROT, précédées d'une introduction
par SAINTE-BEUVE et suivies d'un index. . . . .   2 vol.

GOLDSMITH

LE VICAIRE DE WAKEFIELD, traduit par Mme BELLOC
avec une notice de WALTER SCOTT. . . . .   1 vol.

GONCOURT (EDMOND DE)

LA FILLE ÉLISA (37e mille). . . . .   1 vol.

LES FRÈRES ZEMGANNO (8e mille). . . . .   1 vol.
(Voir *Édition Illustrée*, page 41.)

LA FAUSTIN (19e mille).   1 vol.

CHÉRIE (17e mille). . . . .   1 vol.

LA MAISON D'UN ARTISTE AU XIXe SIÈCLE.   2 vol.

LES ACTRICES DU XVIIIe SIÈCLE. Mme SAINT-HUBERTY. 1 vol.
    —   —   Mlle CLAIRON.   1 vol.
    —   —   LA GUIMARD.   1 vol.

L'ART JAPONAIS DU XVIIIe SIECLE. — Outamaro
— *Le Peintre des Maisons Vertes* — (4e mille) . . . .   1 vol.
    —   —   Hokousaï (2e mille).   1 vol.
     (Voir pages 50 et 51).

GONCOURT (Jules de)

LETTRES, précédées d'une préface de H. Céard (3e mille).   1 vol.

GONCOURT (Edmond et Jules de)

EN 18.** . . . .   1 vol.
GERMINIE LACERTEUX. . . . .   1 vol.
MADAME GERVAISAIS. . . . .   1 vol.
    (Voir *Petite Bibliothèque-Charpentier*, page 42.)
RENÉE MAUPERIN . . . .   1 vol.
    (Voir *Petite Bibliothèque-Charpentier*, page 42, et édition in-8, page 47.)
MANETTE SALOMON . . . .   1 vol.
CHARLES DEMAILLY. . . . .   1 vol.
SŒUR PHILOMÈNE. . . . .   1 vol.
QUELQUES CREATURES DE CE TEMPS. . . . .   1 vol.
IDEES ET SENSATIONS. . . . .   1 vol.
LA FEMME AU XVIIIe SIECLE. . . . .   1 vol.
HISTOIRE DE MARIE-ANTOINETTE. . . . . . .   1 vol.
    (Voir *Edition illustrée*, page 47.)
PORTRAITS INTIMES DU XVIIIe SIECLE études nouvelles d'après les lettres autographes et les documents inédits).   1 vol.
LA DU BARRY. . . . .   1 vol.
MADAME DE POMPADOUR, nouvelle édition, revue et augmentée de lettres et documents inédits . . . .   1 vol.
LA DUCHESSE DE CHATEAUROUX ET SES SŒURS . . . .   1 vol.
SOPHIE ARNOULD. Les Actrices du XVIIIe siècle . . .   1 vol.
THEATRE (Henriette Maréchal. — La Patrie en danger). .   1 vol.
GAVARNI. L'Homme et l'Œuvre. . . . .   1 vol.
HISTOIRE DE LA SOCIETE FRANÇAISE PENDANT LA REVOLUTION. . . . .   1 vol.
HISTOIRE DE LA SOCIETE FRANÇAISE PENDANT LE DIRECTOIRE. . . . .   1 vol.
L'ART DU XVIIIe SIECLE :
    1re série (Watteau. — Chardin. — Boucher. — Latour). . . .   1 vol.
    2e série (Greuze. — Les Saint-Aubin. — Gravelot. — Cochin).   1 vol.
    3e serie (Eisen. — Moreau-Debucourt. — Fragonnard. — Prud'hon. . . . .   1 vol.
PAGES RETROUVEES avec une préface de G. Geffroy 3e mille . . . .   1 vol.
JOURNAL DES GONCOURT (8e mille). . . . .   9 vol.
PREFACES ET MANIFESTES LITTERAIRES (3e mille) [Voir page 51] . . . .   1 vol.

GOUDEAU (Émile)

CORRUPTRICE. . . . .   1 vol.
CHANSONS DE PARIS ET D'AILLEURS, poésies.   1 vol.

GRAFFIGNY (Mme de)

LETTRES, suivies de celles de Mmes de Staël, d'Épinay, etc., etc., édition E. Asse, *couronnée par l'Académie française* . . . .   1 vol.

GREEN (John Richard)

HISTOIRE MODERNE DU PEUPLE ANGLAIS depuis la Révolution, traduite par Mlle M. Hunt, précédée d'une introduction par Yves Guyot. . . . .   1 vol.

GUILLEMOT (Gabriel)

LE ROMAN D'UNE BOURGEOISE. . . . .   1 vol.

GUINAUDEAU (B.)

L'ABBÉ PAUL ALLAIS (2e mille) . . . .   1 vol.

GUIRAUD (Paul)

LA VOCATION DE LOLO. . . . .   1 vol.

GUYOT (Yves)

LA PROSTITUTION. Études de physiologie sociale, contenant 29 graphiques (6e mille). . . . . 1 vol.
LA POLICE. Études de physiologie sociale par le *Vieux petit employé* (3e mille) . . . . 1 vol.
LA TRAITE DES VIERGES. Études de physiologie sociale (4e mille) . . . . 1 vol.
LA COMÉDIE SOCIALISTE. (3e mille). . . . . 1 vol.

GYP

DU HAUT EN BAS (9e mille) . . . . 1 vol.
LE JOURNAL D'UN PHILOSOPHE (11e mille) . . . . . 1 vol.
LE BARON SINAÏ (15e mille). . . . . 1 vol.
(Voir *Collection Polychrome*, p. 42.)

HACHE (G.)

CARLE ET JACQUES (2e mille). . . . . 1 vol.

HAMILTON

MÉMOIRES DU CHEVALIER DE GRAMMONT, d'après les meilleures éditions anglaises, accompagnées d'un appendice contenant les extraits du journal de Samuel Pepys et de celui de John Évelin, des dépêches du comte de Comminges, édition précédée d'une introduction, par Gustave Brunet . . . . 1 vol.

HARAUCOURT (Edmond)

L'AME NUE, poésies. . . . . 1 vol.
AMIS (roman). . . . . 1 vol.
SEUL, poésies ornée d'un portrait de l'auteur gravé par Desmoulin (2e mille). (Voir pages 50, 51.). . . . . . . 1 vol.

HÉLOÏSE ET ABÉLARD

LETTRES, traduction nouvelle par le bibliophile Paul L. Jacob, précédée d'un travail historique et littéraire par M. Villenave. . 1 vol.

HENNIQUE (Léon)

LA DÉVOUÉE (2e mille). . . . . 1 vol.
L'ACCIDENT DE M. HÉBERT (3e mille). . . . . 1 vol.
(Voir pages 41, 47 et 51.)

HEPP (A.)

L'AMIE DE Mme ALICE . . . . 1 vol.
CŒURS PARISIENS (2e mille) . . . . 1 vol.

HÉRODOTE

HISTOIRE, traduction Larcher, revue et corrigée par M. Émile Pessonneaux. . . . . 1 vol.

HERVILLY (Ernest d')

CONTES POUR LES GRANDES PERSONNES (Mon ami Le. — La Porte!... s'il vous plaît! — Jean Tracy Gudd. — Tremblevif. — Ouaphrès. — Un secret. — Le Télegramme. — Près des yeux, loin du cœur) . . . . 1 vol.
MESDAMES LES PARISIENNES (3e mille) . . . . 1 vol.
HISTOIRES DIVERTISSANTES (2e mille). . . . . . . 1 vol.
D'HERVILLY-CAPRICES. . . . . 1 vol.
HISTOIRES DE MARIAGES (Voir page 51.) . . . . . . 1 vol.

HEULHARD (Arthur)

SCÈNES DE LA VIE FANTAISISTE . . . . 1 vol.

HOFFMANN

CONTES FANTASTIQUES, traduits et précédés d'une notice par M. X. Marmier. Nouvelle édition, augmentée d'une Étude sur les *Contes fantastiques* d'Hoffmann, par Théophile Gautier . . . . 1 vol.

2.

HOMÈRE

ILIADE, traduction nouvelle avec arguments et notes explicatives par
M. ÉMILE PESSONNEAUX. . . . . 1 vol.

ODYSSÉE, traduction nouvelle avec arguments et notes explicatives
par M. ÉMILE PESSONNEAUX. . . . . 1 vol.

HORACE

ŒUVRES POÉTIQUES, traduction nouvelle avec le texte latin en
regard, précédée et suivie d'Etudes biographiques et littéraires par
M. PATIN, de l'Académie française, professeur de poésie latine à la
Faculté des lettres de Paris. . . . . 2 vol.
(Voir *Petite Bibliothèque-Charpentier*, page 42.)

HOUSSAYE (ARSÈNE)

POÉSIES COMPLETES . . . . 1 vol.
GALERIES DU XVIIIe SIECLE (Nouvelle édition).
LA REGENCE . . . . 1 vol.
LOUIS XV. . . . . 1 vol.
LOUIS XVI . . . . 1 vol.
LA REVOLUTION. 1 vol.
LES GRANDES DAMES . . . . 1 vol.
LA FEMME FUSILLÉE . . . . 1 vol.
MADAME LUCRECE . . . . 1 vol.
RODOLPHE ET CYNTHIA . . . . 1 vol.
HISTOIRE D'UNE FILLE DU MONDE . . . . 1 vol.
**HISTOIRE DU 41e FAUTEUIL DE L'ACA-
DEMIE FRANÇAISE.** . . . . 1 vol.
LES LARMES DE MATHILDE . . . . 1 vol.

HUBBARD (GUSTAVE)

**HISTOIRE DE LA LITTERATURE CONTEMPORAINE
EN ESPAGNE** (Voir page 49) . . . . 1 vol.

HUGO (GEORGES)

SOUVENIRS D'UN MATELOT . . . . 1 vol.

HUGO (VICTOR)

CHOSES VUES . . . . 1 vol.
THEATRE EN LIBERTÉ. . . . . 1 vol.
LA FIN DE SATAN. . . . . 1 vol.
TOUTE LA LYRE. . . . . 2 vol.
AMY ROBSART. — LES JUMEAUX. . . . . 1 vol.
VOYAGES . . . . 1 vol.
(Voir *Petite Bibliothèque-Charpentier*, page 43.)

HUGUES (CLOVIS).

LES ÉVOCATIONS, poésies (2e mille). . . . . 1 vol.
MADAME PHAETON (2e mille). . . . . 1 vol.
(Voir *Nouvelle Collection*, page 45).

HURET (JULES)

ENQUÊTE SUR L'ÉVOLUTION LITTÉRAIRE. . . 1 vol.

HUYSMANS (J.-K.)

LES SŒURS VATARD (7e mille). . . . . 1 vol.
EN MENAGE (4e mille). . . . . 1 vol.
L'ART MODERNE. . . . . 1 vol.
A REBOURS (7e mille). . . . . 1 vol.
(Voir pages 41, 47.)

Général TH. IUNG

BONAPARTE ET SON TEMPS (4e mille). . . . . 3 vol.
L'ARMÉE ET LA RÉVOLUTION. Dubois-Crancé, mousquetaire, constituant, conventionnel, général de division, ministre de la
guerre (1747-1814). . . . . 2 vol.

STRATÉGIE, TACTIQUE ET POLITIQUE (3ᵉ mille) 1 vol.
LA RÉPUBLIQUE ET L'ARMÉE. . . . . 1 vol.
(Voir pages 49 et 52.)

JEANNEST (Charles)

QUATRE ANNÉES AU CONGO, orné de 9 dessins de Desmoulin et d'une carte inédite (3ᵉ mille). . . . . 1 vol.

JEANTET (Félix)

LES PLASTIQUES (Poésies). . . . . 1 vol.

JENKINS (Édouard)

LA CHAINE DU DIABLE. Le roman de l'ivrognerie en Angleterre, traduction de l'anglais par J. Amero. . . . . 1 vol.

JOUANNIN (Maurice)

MADAME DE LA SEYNE. . . . . 1 vol.

JOURDAIN (Frantz)

L'ATELIER CHANTOREL. (Voir page 51). . . . . 1 vol.

JULLIARD (Émile)

LES DÉSESPÉRÉS . . . . 1 vol.

JULLIEN (Ad.)

AIRS VARIÉS. (Voir page 41.). . . . . 1 vol.

JULLIEN (Jean)

LE THEATRE VIVANT. . . . . 1 vol.

JURIEN DE LA GRAVIÈRE

GUERRES MARITIMES, sous la République et l'Empire, avec les
plans des batailles navales du cap Saint-Vincent, d'Aboukir, de Copen-
hague, de Trafalgar et une carte du Sund (nouvelle édition, augmentée
de 2 cartes inédites relatives au combat d'Aboukir). . . . . 2 vol.

KLOPSTOCK

LA MESSIADE, traduction par Mᵐᵉ la baronne de Carlowitz, couronnée par l'Académie française. . . . . 1 vol.

LABOULAYE (Édouard)

PARIS EN AMÉRIQUE (35ᵉ mille). . . . . 1 vol.
LE PRINCE CANICHE (21ᵉ mille). . . . . 1 vol.
ABDALLAH, ou le Trèfle à quatre feuilles, suivi de **AZIZ ET
AZIZA** (nouvelle édition ornée du *portrait de l'auteur,* gravé par
Levasseur) . . . . 1 vol.
SOUVENIRS D'UN VOYAGEUR, nouvelles. (Marina. — Le Jas-
min de Figline. — Le Château de la Vie. — Le Rêve de Jodocus. —
Don Ottavio). (5ᵉ mille). . . . . 1 vol.
CONTES BLEUS (Yvon et Finette. — La Bonne Femme. — Poucinet.
Contes Bohèmes. — Les Trois Citrons. — Pif! paf! ou l'Art de gou-
verner les Hommes). (Nouvelle édition). . . . 1 vol.
NOUVEAUX CONTES BLEUS (Briam le Fou. — Petit Homme
gris. — Deux exorcistes. — Zerbin. — Pacha Berger. — Perlino. —
Sagesse des Nations. — Château de la Vie). (Nouvelle édition) . 1 vol.
LE PARTI LIBÉRAL, son programme et son avenir
(8ᵉ édition). . . . . 1 vol.
LA LIBERTÉ RELIGIEUSE (6ᵉ édition). . . . . 1 vol.
ÉTUDES MORALES ET POLITIQUES (5ᵉ édition). 1 vol.
L'ÉTAT ET SES LIMITES, suivi d'Essais politiques sur Alexis
de Tocqueville, l'Instruction publique, etc. (6ᵉ édition). . . . . 1 vol.
**ÉTUDES CONTEMPORAINES SUR L'ALLEMAGNE ET
LES PAYS SLAVES.** Le Partage de la Pologne. — Goergi et
Kossuth. — Les Serbes. — L'Albanie. — De Radowitz. — Gervinus, etc.
(4ᵉ édition). . . . . 1 vol.
HISTOIRE DES ÉTATS-UNIS D'AMÉRIQUE, depuis les
premiers essais de colonisation jusqu'à l'adoption de la constitution
fédérale (1620-1789). (6ᵉ mille). . . . . 3 vol.
DISCOURS POPULAIRES, suivis d'une *Rhétorique populaire,*
(2ᵉ édition) . . . . 1 vol.

DERNIERS DISCOURS POPULAIRES. . . . .   1 vol.
QUESTIONS CONSTITUTIONNELLES. (Le droit de revision.
— La question des deux Chambres. — Séparation de l'Église et de
l'État, etc.) (2ᵉ mille). . . . .   1 vol.
     (Voir *Nouvelle Collection*, page 44.)

LA BRUYÈRE

LES CARACTÈRES, accompagnés des *Caractères* de Théophraste,
— du Discours à l'Académie française ; — d'une Notice sur La Bruyère.
— édition variorum collationnée sur les meilleurs textes et suivie d'un
index (édition Charles Louandre). . . . .   1 vol.

LACHAUD

PLAIDOYERS. Édition précédée d'une introduction et accompagnée de notices par Félix Sangnier et ornée d'un portrait par Desmoulin (2ᵉ mille). . . . .   2 vol.

LAFAGETTE (Raoul)

LES AURORES. Poésies. . . . .   1 vol.

LA FONTAINE (J.)

FABLES, suivies de *Philémon et Baucis* et des *Filles de Minée :* — précédées de la vie d'Ésope et d'une préface par La Fontaine. — Édition variorum, accompagnée d'une notice par Sainte-Beuve, et ornée d'un beau
portrait, gravé sur acier par Jacquemin, d'après Rigault (Édit. Charles
Louandre). . . . .   1 vol.
CONTES ET NOUVELLES, édition augmentée de plusieurs contes
inédits, accompagnée de variantes et de notes, par le bibliophile Jacob
et précédée d'une étude sur La Fontaine, par Taine . . . . . .   1 vol.

LAHOR (Jean)

HISTOIRE DE LA LITTÉRATURE HINDOUE.   1 vol.

LA JEUNESSE (Ernest)

L'IMITATION DE NOTRE MAITRE NAPOLÉON.   1 vol.

LAMB (Charles)

ESSAIS CHOISIS, recueillis et annotés par M. L. Depret.   1 vol.

LANFREY (P.)

HISTOIRE DE NAPOLÉON Iᵉʳ (Les tomes I à V en vente). 6 vol.
ÉTUDES ET PORTRAITS POLITIQUES (L'histoire du Con-
sulat et de l'Empire, de M. Thiers.— Daunou.— Carnot.—Armand Carrel.—
M. Guizot. — Proudhon. — Du régime parlementaire sous Louis-Philippe.
— Un dernier mot sur Carnot. — Paris en Amérique) . . . . .   1 vol.
HISTOIRE POLITIQUE DES PAPES (Nouv. édit.).   1 vol.
L'EGLISE ET LES PHILOSOPHES, avec préface de M. de
Pressensé . . . .   1 vol.
ESSAI SUR LA RÉVOLUTION FRANÇAISE . . .   1 vol.
LES LETTRES D'EVERARD . . . .   1 vol.
CHRONIQUES POLITIQUES, précédées d'une préface de M. de
Ronchaud. . . . .   2 vol.
CORRESPONDANCE, avec une préface par M. le comte d'Hausson-
ville . . . .   2 vol.

LATOUR (A. de)

PSYCHÉ EN ESPAGNE . . . .   1 vol.

LAUNAY

LA MAISON VIDALIN. . . . .   1 vol.
     (Voir page 45).

LAURIER (Clément)

PLAIDOYERS ET ŒUVRES CHOISIES, avec une préface
par Aurélien Scholl, une étude sur Laurier, avocat, par Gaston Lèbre,
et un portrait par Desmoulin. . . . .   1 vol.

LAVALLÉE (Théophile)

HISTOIRE DES FRANÇAIS, depuis le temps des Gaulois jusqu'à nos jours (nouvelle édition), développée de 1814 à 1848 et continuée, sur le même plan, jusqu'en 1874, par M. Frédéric Lock . . .   6 vol.
    Tome   I. — Les Gaulois. — Les Francs. — Les Français jusqu'en 1328.
    Tome II. — Les Valois (1328-1589).
    Tome III. — Les Bourbons (1589-1789).
    Tome IV. — Révolution. — Empire (1789-1814).
    Tome V. — Restauration. — Monarchie constitutionnelle (1814-1848).
    Tome VI. — Deuxième République. — Second Empire. — Troisième République (1848-1874).

GÉOGRAPHIE PHYSIQUE, HISTORIQUE ET MILITAIRE, ouvrage adopté pour l'École militaire de Saint-Cyr. Nouvelle édition, *entièrement refondue, corrigée et augmentée*, par M. P. Martine, agrégé d'histoire, ancien élève de l'École normale supérieure, ancien professeur de l'Université . . . .   1 vol.

LAVIGNE (Ernest)

HISTOIRE DU NIHILISME RUSSE. . . . .   1 vol.

LAVISSE (Ernest)

LA VIE POLITIQUE A L'ÉTRANGER (1889) avec une préface par Ernest Lavisse. . . . .   1 vol.
LA VIE POLITIQUE A L'ÉTRANGER (1890), avec une préface du Vicomte Melchior de Vogüé de l'Académie française. 1 vol.
LA VIE POLITIQUE A L'ÉTRANGER (1891), avec une préface par Anatole Leroy-Beaulieu de l'Institut. . . . . . .   1 vol.

LEBEY (André)

LES PREMIÈRES LUTTES. . . . .   1 vol.

LECOMTE (Georges)

ESPAGNE. . . . .   1 vol.
LES VALETS, Roman (3e mille). . . . .   1 vol.

LEFÈVRE

HISTOIRE DE LA LIGUE D'UNION RÉPUBLICAINE DES DROITS DE PARIS. . . . .   1 vol.

LEGUÉ (Dr)

URBAIN GRANDIER ET LES POSSÉDÉES DE LOUDUN . . . .   1 vol.
MÉDECINS ET EMPOISONNEURS AU XVIIe SIÈCLE (3e mille). . . . .   1 vol.

LEMAY (Gaston)

A BORD DE LA JUNON (2e mille). . . . .   1 vol.

LEMONNIER (Camille)

THÉRÈSE MONIQUE (2e mille). . . . .   1 vol.
L'HYSTÉRIQUE (4e mille). . . . .   1 vol.
MADAME LUPAR (3e mille). . . . .   1 vol.
HAPPE-CHAIR (5e mille). . . . .   1 vol.
LE POSSÉDÉ (2e mille). . . . .   1 vol.

LEMOYNE (André)

LES CHARMEUSES. Poèmes couronnés par l'Académie française. . . . .   1 vol.

LEPAGE (Auguste)

L'ODYSSÉE D'UNE COMÉDIENNE. . . . .   1 vol.

LEPELLETIER (Edmond)

CLAIRE EVERARD . . . .   1 vol.

LE ROUX (Hugues)

UN DE NOUS (nouvelle édition). . . . .   1 vol.
L'AMOUR INFIRME (2e mille) . . . .   1 vol.
LES LARRONS (2e mille). . . . .   1 vol.

LEROY (ALBERT)

FABIEN . . . . 1 vol.

LEROY-BEAULIEU (ANATOLE)

UN EMPEREUR, UN ROI, UN PAPE, etc. . . . . . . 1 vol.

LEROY-BEAULIEU (PAUL)

LA QUESTION OUVRIÈRE AU XIXe SIÈCLE (Le socialisme et les grèves. — L'organisation des forces ouvrières. — Les *trade-unions*. — Le système de la participation aux bénéfices. — Les associations coopératives, etc.) (2e édition) . . . . 1 vol.

LE TRAVAIL DES FEMMES AU XIXe SIÈCLE (Du salaire et de l'instruction des femmes dans l'industrie. — Des moyens de relever la condition des femmes et de reconstituer la famille ouvrière, etc.). *Couronné par l'Académie des sciences morales et politiques*. . . . . . 1 vol.

LE SAGE

HISTOIRE DE GIL BLAS DE SANTILLANE. Édition accompagnée de notes et d'une notice par M. SAINT-MARC GIRARDIN. 1 vol.

LE DIABLE BOITEUX (Édition complète) . . . . 1 vol.

LE SENNE (CAMILLE)

VÉRA NICOLE . . . . 1 vol.

LESPINASSE (Mlle DE)

LETTRES, suivies de ses autres œuvres, et de lettres de Mme du Deffand, de Turgot, de Bernardin de Saint-Pierre. — Comprenant les écrits de d'Alembert, de Guibert, de Voltaire, de Frédéric II sur Mlle de Lespinasse, etc., etc. — Édition EUGÈNE ASSE, *couronnée par l'Académie française* et ornée du fac-simile d'une lettre inédite de Mlle de Lespinasse (Voir page 52.) . . . . 1 vol.

LESSING

THÉATRE, traduit par FÉLIX SALLÈS, avec une étude critique. 3 vol.

LÉTORIÈRE (Vte GEORGES DE)

LA MARQUISE DE TREVILLY (2e mille). . . . . . . 1 vol.

LEYRET (HENRY)

EN PLEIN FAUBOURG (2e mille) . . . . 1 vol.

POURQUOI AIMER ?. (2e mille) . . . . 1 vol.

L'HEUREUX (MARCEL)

LA POSSESSION . . . . 1 vol.

LES MALFAISANTS (2e mille) . . . . 1 vol.

LION (AUGUSTIN)

LE CASTÉLOU . . . . 1 vol.

SUZANNE AUBRIÈS . . . . 1 vol.

GAPIANE . . . . 1 vol.

LOPE DE VEGA

THÉATRE, traduction nouvelle avec une introduction et des notes par M. DAMAS-HINARD . . . . 2 vol.

LORRAIN (JEAN)

SONYEUSE . . . . 1 vol.

BUVEURS D'AMES (2e mille) . . . . 1 vol.

SENSATIONS ET SOUVENIRS (2e mille) . . . . . 1 vol.

L'OMBRE ARDENTE (poésies) . . . . 1 vol.

(Voir page 42).

LOUANDRE (CH.)

LA NOBLESSE FRANÇAISE sous l'ancienne Monarchie. 1 vol.

LOUIS XI

LES CENT NOUVELLES NOUVELLES. Édition publiée d'après le texte des manuscrits, avec des notes et une notice par le bibliophile JACOB . . . . 1 vol.

LOVENJOUL (CHARLES DE)

LE ROCHER DE SISYPHE, précédé d'une lettre de M. A. DUMAS fils (Voir page 49.) . . . . 1 vol.

LUCIEN

ŒUVRES CHOISIES, traduction de BELIN DE BALLU, nouvelle édition revue et corrigée par Émile Pessonneaux . . . .   1 vol.

LUCRÈCE

DE LA NATURE, traduction nouvelle, avec le texte latin, revu d'après les travaux les plus récents, par M. L. CROUSLÉ, professeur de rhétorique au lycée Corneille. . . . .   1 vol.

LUDANA.

LETTRES A REPONDRE (2ᵉ mille). . . . .   1 vol.

LYTTON (SIR EDWARD BULWER)

ŒUVRES DRAMATIQUES, traduction complète et nouvelle par Georges DUVAL. . . . .   1 vol.

LYTTON (LORD R.)

FABLES LYRIQUES, traduites et précédées d'une introduction par M. ODYSSE BAROT. . . . .   1 vol.

MACAULAY

HISTOIRE D'ANGLETERRE DEPUIS L'AVÈNEMENT DE JACQUES II. *Histoire de la Révolution anglaise en* 1688, traduite par M. EMILE MONTÉGUT. . . . .   2 vol.

HISTOIRE DU RÈGNE DE GUILLAUME III, pour faire suite à *l'Histoire de la Révolution en* 1688, traduction A. PICHOT .   4 vol.

MACÉ (G.)

LA POLICE PARISIENNE. — LE SERVICE DE SURETE (13ᵉ mille) . . . . • . . . . .   1 vol.
MON PREMIER CRIME (8ᵉ mille) . . . .   1 vol.
UN JOLI MONDE (21ᵉ mille). . . . .   1 vol.
GIBIER DE SAINT-LAZARE (11ᵉ mille). . . . .   1 vol.
MES LUNDIS EN PRISON (7ᵉ mille). . . . .   1 vol.
MON MUSÉE CRIMINEL, av. 34 pl. hors texte (11ᵉ mille).   1 vol.
LAZARETTE (6ᵉ mille). . . . .   1 vol.
UN CENT-GARDE (6ᵉ mille). . . . .   1 vol.
CRIMES IMPUNIS (5ᵉ mille) . . . .   1 vol.

MACHIAVEL

ŒUVRES POLITIQUES. — Le prince. — Les décades de Tite-Live, etc., etc., traduction PÉRIÈS, avec notice, introduction, notes et commentaires, par CH. LOUANDRE. . . . .   1 vol.

ŒUVRES LITTÉRAIRES, traduction PÉRIÈS. Édition contenant les comédies, poésies, contes, fantaisies, mélanges d'histoire et lettres familières avec introduction, notice et notes, par CH. LOUANDRE.   1 vol.

MADELEINE (JACQUES)

UN COUPLE (2ᵉ mille). . . . .   1 vol.
FILS D'ÉTOILE (2ᵉ mille). . . . .   1 vol.
SÉSAME (2ᵉ mille) . . . .   1 vol.

MAGRE (MAURICE)

LA CHANSON DES HOMMES (Poèmes). . . . .   1 vol.

MAHOMET

LE KORAN, traduit sur le texte arabe par M. KASIMIRSKI. Nouvelle édition, avec notes, commentaires et index. . . . .   1 vol.

MAIRET (JEANNE)

MARCA. . . . .   1 vol.

MAISTRE (JOSEPH DE)

DU PAPE. . . . .   1 vol.

MAISTRE (XAVIER DE)

ŒUVRES COMPLÈTES (Voyage autour de ma chambre. — Expédition nocturne. — Le Lépreux de la cité d'Aoste. — Les Prisonniers du Caucase. — La jeune Sibérienne). *Nouvelle édition* ornée du portrait de l'auteur, gravé par Jacquemin, d'après Saint-Germain . . . . .   1 vol.

MAIZEROY (René)

LE CAPITAINE BRIC-A-BRAC (2ᵉ mille) . . . .   1 vol.
DES LÈVRES AU CŒUR . . . .   1 vol.

MALEBRANCHE

ENTRETIENS SUR LA MÉTAPHYSIQUE avec une Introduction par Jules Simon . . . .   1 vol.
MÉDITATIONS CHRÉTIENNES, suivie du *Traité de l'amour de Dieu* et de *l'Entretien d'un philosophe chrétien avec un philosophe chinois* sur l'existence et la nature de Dieu. Édition collationnée sur les meilleurs textes par Jules Simon . . . .   1 vol.
DE LA RECHERCHE DE LA VÉRITÉ, avec une introduction par Jules Simon. . . . .   2 vol.

MALHERBE (F.)

POÉSIES, accompagnées du Commentaire d'André Chénier. Nouvelle édition contenant la vie de Malherbe par Racan ; des extraits de Tallemant des Réaux, de Balzac, etc. ; — des extraits de Lettres de Malherbe ; — des notes de Ménage, de Chevreau, de Saint-Marc, etc. ; — des observations littéraires de Sainte-Beuve ; des remarques philologiques empruntées à M. Littré ; — une introduction, des notes nouvelles et des Index, par M. Becq de Fouquières . . . .   1 vol.

MALLARMÉ (Stéphane)

DIVAGATIONS . . . .   1 vol.

MALOT (Hector)

MICHELINE (24ᵉ mille) . . . .   1 vol.
LE SANG BLEU (15ᵉ mille) . . . .   1 vol.
LE LIEUTENANT BONNET (19ᵉ mille) . . . .   1 vol.
LE DOCTEUR CLAUDE (nouvelle édition). . . . . . .   1 vol.
LA BOHÊME TAPAGEUSE (nouvelle édition) . . . . .   2 vol
BACCARA (16ᵉ mille) . . . .   1 vol
ROMAIN KALBRIS (nouvelle édition) . . . .   1 vol.
L'HÉRITAGE D'ARTHUR (nouvelle édition) . . . . .   1 vol.
L'AUBERGE DU MONDE (nouvelle édition) . . . . . .   2 vol.
ZYTE (20ᵉ mille) . . . .   1 vol.
LES VICTIMES D'AMOUR (nouvelle édition) . . . . .   2 vol.
VICES FRANÇAIS (14ᵉ mille) . . . .   1 vol.
GHISLAINE . . . .   1 vol.
POMPON (nouvelle édition) . . . .   1 vol.
UNE FEMME D'ARGENT (nouvelle édition). . . . . .   1 vol.
SANS FAMILLE (126ᵉ mille) . . . .   2 vol.
LA BELLE MADAME DONIS (nouvelle édition) . . .   1 vol.
CONSCIENCE (14ᵉ mille). . . . .   1 vol.
MONDAINE 23ᵉ mille) . . . .   1 vol.
JUSTICE. (13ᵉ mille) . . . .   1 vol.
LES BESOIGNEUX (Nouvelle édition) . . . .   2 vol.
MÈRE (11ᵉ mille) . . . .   1 vol.
UNE BELLE-MÈRE (Nouvelle édition) . . . .   1 vol.
MADAME PRÉTAVOINE (Nouvelle édition) . . . . . .   2 vol.
ANIE (8ᵉ mille) . . . .   1 vol.
MISS CLIFTON (Souvenirs d'un blessé) . . . . . .   1 vol.
SUZANNE (Souvenirs d'un blessé) . . . .   1 vol.
CLOTILDE MARTORY . . . .   1 vol.
MARICHETTE . . . .   2 vol.
UN CURÉ DE PROVINCE . . . .   1 vol.
UN MIRACLE . . . .   1 vol.
SÉDUCTION . . . .   1 vol.

(Voir *Petite Bibliothèque Charpentier*, page 43.)

MALOT (Mᵐᵉ Hector)

FOLIE D'AMOUR (4ᵉ mille) . . . .   1 vol.

MANZONI

LES FIANCÉS. Histoire milanaise du XVIIe siècle. Traduction de REY-
DUSSEUIL . . . .   1 vol.
THÉATRE ET POÉSIES, traduits de l'italien par M. ANTOINE DE
LATOUR. — Nouvelle édition, revue, corrigée et augmentée, avec une
nouvelle Introduction . . . .   1 vol.

MARC (GABRIEL)

POÈMES D'AUVERGNE . . . .   1 vol.
LIAUDETTE. — Contes du pays natal. — Ouvrage couronné par
l'Académie française . . . .   1 vol.

MARC-AURÈLE

PENSÉES, traduction d'ALEXIS PIERRON, couronnée par l'Académie
française, précédée d'une introduction, accompagnée d'un commentaire
et suivie des *Lettres à Fronton* . . . .   1 vol.

MARCHAND (ALFRED)

LES POÈTES LYRIQUES DE L'AUTRICHE . . .   1 vol.

MARC-MONNIER

CONTES POPULAIRES EN ITALIE. . . . .   1 vol.
LE CHARMEUR . . . .   1 vol.

MARIVAUX

LA VIE DE MARIANNE ou *les Aventures de Mme la Comtesse de ***.*
Édition précédée d'une notice par JULES JANIN. . . . .   1 vol.

MASSERAS (E.)

UN ESSAI D'EMPIRE AU MEXIQUE . . . .   1 vol.

MATHIEU (GUSTAVE)

PARFUMS, CHANTS ET COULEURS. Poésies com-
plètes. . . . .   1 vol.

MATTHEY (ARTHUR-ARNOULD)

L'ÉTANG DES SŒURS GRISES (3e mille) . . . .   1 vol.
ZOÉ CHIEN-CHIEN (7e mille). . . . .   1 vol.
LE PENDU DE LA BAUMETTE : Mariage du suicidé
(4e mille). . . . .   1 vol.
—   La bonne d'enfants
(2e mille). . . . .   1 vol.
JEAN SANS NOM. Le drame de la Croix-Rouge (2e mille)   1 vol.
—   La femme de Judas (2e mille) . . . .   1 vol.
LA BRÉSILIENNE (nouvelle édition). . . . .   1 vol.
LA REVANCHE DE CLODION (nouvelle édition) . . .   1 vol.
ZAIRA. Les amants de Paris (2e mille). . . . .   1 vol.
— L'Enragé (2e mille). . . . .   1 vol.
LE POINT NOIR (3e mille). . . . .   1 vol.
UN GENDRE (3e mille). . . . .   1 vol.
MARCELLE MAUDUIT (2e mille). . . . .   1 vol.
LA BELLE-FILLE (3e mille). . . . .   1 vol.
LE BILLET DE MILLE. . . . .   1 vol.
189. II. 981 (Fin du Billet de Mille) . . . .   1 vol.
LE TRÉSOR DES GOMÉLÉS. — Amaury . . . .   1 vol.
—   — Fatima . . . .   1 vol.
LA CROIX-PATER (2e mille). . . . .   1 vol.
LE SERMENT D'UNE MÈRE (2e mille) . . . .   1 vol.
(Voir page 45.)

MAZZINI (JOSEPH)

ESSAIS, avec une Notice de Mme VENTURI, traduits de l'anglais par
Mme de MORSIER. . . . .   1 vol.

MENDÈS (CATULLE)

RICHARD WAGNER (3e mille). . . . .   1 vol.

ZO'HAR (24e mille). . . . . 1 vol.
LESBIA (8e mille). . . . . 1 vol.
LA PREMIÈRE MAITRESSE (22e mille). . . . . 1 vol.
GRANDE-MAGUET (9e mille). . . . . 1 vol.
LE CONFESSIONNAL (3e mille). . . . . 1 vol.
LA FEMME-ENFANT (11e mille). . . . . 1 vol.
POÉSIES COMPLÈTES (2e mille). . . . . 3 vol.
LA MESSE ROSE (3e mille). . . . . 1 vol.
LA MAISON DE LA VIEILLE (8e mille) . . . . 1 vol.
LA GRIVE DES VIGNES (Poésies) (2e mille). . . . . . 1 vol.
RUE DES FILLES-DIEU, 56 (4e mille) . . . . 1 vol.
GOG (5e mille). . . . . 2 vol.
L'ART AU THÉATRE (1re année. 1895). . . . . 1 vol.
L'ART AU THÉATRE (2e année 1896). . . . . 1 vol.
       —   (3e année 1897). . . . . 1 vol.
ARC-EN-CIEL (3e mille) . . . . 1 vol.
LE CHERCHEUR DE TARES. . . . . 1 vol.
      (Voir pages 43, 51 et 52.)

METÉNIER (Oscar)

MADAME LA BOULE (11e mille) . . . . 1 vol.
LA LUTTE POUR L'AMOUR (5e mille). . . . . 1 vol.
ZÉZETTE (3e mille) . . . . 1 vol.
LES CABOTS (3e mille). . . . . 1 vol.
LE POLICIER (3e mille) . . . . 1 vol.
LE BEAU MONDE (4e mille). . . . . 1 vol.
DEMI-CASTORS (3e mille) . . . . 1 vol.
LE 40e D'ARTILLERIE (3e mille) . . . . 1 vol.
L'AMOUR VAINCU (3e mille) (Voir page 51). . . . . . . 1 vol.

MEUNIER (Georges)

LE BILAN LITTÉRAIRE DU XIXe SIÈCLE. . . . 1 vol.

MEUNIER (Mme Stanislas)

FILLE DE ROI . . . . 1 vol.
LES TROIS AMOUREUX DE GERTRUDE (2e mille) 1 vol.
      (Voir « Nouvelle Collection » page 44).

MICHIELS (Alfred)

HISTOIRE SECRÈTE DU GOUVERNEMENT AUTRI-CHIEN. . . . . 1 vol.
L'INVASION PRUSSIENNE EN 1792 et ses consé-quences. . . . . 1 vol.

MICKIEWICZ (Adam)

CHEFS-D'ŒUVRE POÉTIQUES. . . . . 1 vol.

MILLEVOYE

POÉSIES (Élégies. — Chants élégiaques. — Poèmes. — Poésies légères. — Dizains et huitains. — Ballades. — Romances. — Epigrammes. — Odes d'Anacréon) ; précédées d'une notice par DE PONGERVILLE, de l'Académie française. . . . . 1 vol.

MILTON

LE PARADIS PERDU, trad. DE PONGERVILLE, précédée de considérations sur Milton, son époque et ses ouv. par le trad. 1 vol.

MIRBEAU (Octave)

SÉBASTIEN ROCH. . . . . 1 vol.
LE JARDIN DES SUPPLICES . . . . 1 vol.
      (Voir *Petite Bibliothèque Charpentier*, pages 43 et 51.)

MIRBEAU (Madame Octave)

LA FAMILLE CARMETTES. . . . . 1 vol.

MISENE (Jean)

MARTHE AMBERNON . . . . 1 vol.

MISTRAL

MIREIO, poème provençal, avec la traduction littérale en regard par l'auteur (nouvelle édition , accompagnée de notes). . . . . . . 1 vol.

MOLIÈRE

ŒUVRES COMPLÈTES. — Édition variorum collationnée sur les meilleurs textes, précédée d'un précis de l'histoire du théâtre en France ; de la biographie de Molière rectifiée ; — accompagnée des variantes, pieces et fragments de pièces retrouvés dans ces derniers temps ; — de notices historiques et littéraires sur chaque comédie de Molière, ainsi que de notes historiques, philologiques et littéraires formant le résumé des travaux de Voltaire, La Harpe, Cailhava, Auger, Bazin, Sainte-Beuve, Saint-Marc, Girardin, Génin, Aimé Martin, Nisard, Taschereau, Grimarest, Petitot, E. Soulie, Fournier, Beffara, etc., etc. — Edition ornée du portrait de Molière d'après l'original de Coypel (édition CHARLES LOUANDRE). . . . . 3 vol.
(Voir *Edition illustrée*, page 47.)

MONCHOISY

LA NOUVELLE CYTHÈRE (Tahiti.) . . . . 1 vol.

MONSELET (CHARLES)

DE A à Z (Portraits contemporains) . . . . 1 vol.
(Voir page 45.)

MONTAIGNE

ESSAIS, suivis de sa correspondance et de *la Servitude volontaire* d'Estienne de la Boëtie. Édition variorum, accompagnée d'une notice biographique, de notes historiques, philologiques, etc., et d'un index analytique (édition CHARLES LOUANDRE). . . . . 4 vol.

MONTÉGUT (MAURICE)

LADY TEMPEST. . . . . 1 vol.
DERNIER CRI. (Voir page 51). . . . . 1 vol.

MONTEIL (EDGAR)

LE RHIN ALLEMAND. . . . . 1 vol.
ANTOINETTE MARGUERON (Études humaines). . 1 vol.
HENRIETTE GREY.   (Etudes humaines). . . . . . . 1 vol.
MADAME DE FERÔNI   —   . . . . 1 vol.
LE GRAND VILLAGE   —   . . . . 1 vol.
CORNEBOIS (3e mille). . . . . 1 vol.
ROCHEFIERE. . . . . 1 vol.
LES PETITES MARIÉES. . . . . 1 vol.
LA TOURNÉE DRAMATIQUE. . . . . 1 vol.

MONTESQUIOU (COMTE ROBERT DE)

LE PARCOURS DU RÊVE AU SOUVENIR. (Poésies). 1 vol.
LES HORTENSIAS BLEUS (Poésies). . . . . 1 vol.
ROSEAUX PENSANTS. . . . . 1 vol.

MONTLUC (L. DE)

CORRESPONDANCE DE JUAREZ ET DE MONTLUC. . . . . 1 vol.

MONTPENSIER (Mlle DE)

MÉMOIRES DE MADEMOISELLE DE MONTPENSIER, petite-fille de Henri IV, collationnés sur le manuscrit autographe, avec notes biographiques et historiques, par M. CHÉRUEL. . . . . . 4 vol.

MOORE (GEORGE)

LA FEMME DU CABOTIN (traduit de l'anglais) . . . . 1 vol.
TERRE D'IRLANDE (traduit de l'anglais). . . . . 1 vol.

MOREL (HENRY)

MADEMOISELLE LACOUR (2e mille). . . . . 1 vol.

MOTTEVILLE (Mme DE)

MÉMOIRES SUR ANNE D'AUTRICHE ET SA COUR. Edition d'après le manuscrit de Conrart, avec une annotation extraite des écrits de Monglat, Omer Talon, de Retz, Gourville, Leret, Mlle de Montpensier, etc., des éclaircissements et un index, par M. RIAUX, et une notice sur Mme de Motteville, par SAINTE-BEUVE. . . . . . 4 vol.

MOUTON (Eugène)

CONTES (L'invalide à la tête de bois. — Le bœuf. — Le naufrage de l'aquarelliste. — Les deux vieilles dames sourdes. — Papa, etc., etc.) — Ornés d'un portrait de l'invalide à la tête de bois, dessiné et gravé à l'eau-forte par l'auteur. . . . . 1 vol.

NOUVELLES (Le canot de l'amiral. — La vieille montre. — Vieux airs. — Le livre japonais. — Le coq du clocher, etc., etc.) Ornées du canot de l'amiral, dessiné et gravé à l'eau-forte par l'auteur.   1 vol.

FANTAISIES HUMORISTIQUES (Le livre de prières. — Le progrès. — La cassette bleue. — Le jardin de feu. — La médecine au temps de Louis XIII. — Télémaque. — Les destinées de l'art. — La neige des quatre saisons. — Les petits bateaux des Tuileries. — Philosophie de l'artillerie. — Old England. — L'ex-aspéra-tion universelle. — Démolitions. — Une ville en bateau. — L'ode à Lydie. — L'historioscope. — Le fleuve. — L'origine de la vie. — La fin du monde). (Voir page 49.) . . . . 1 vol.

MUSSET (Alfred de)

PREMIÈRES POÉSIES (Contes d'Espagne et d'Italie. — Spectacle dans un fauteuil. — Poésies diverses. — Namouna).   1 vol.

POÉSIES NOUVELLES (Rolla. — Les nuits. — Poésies nouvelles. — Contes en vers). . . . . 1 vol.

COMÉDIES ET PROVERBES (André del Sarto. — Lorenzaccio. — Les caprices de Marianne. — Fantasio. — On ne badine pas avec l'amour. — La nuit vénitienne. — Barberine. — Le chandelier. — Il ne faut jurer de rien. — Un caprice. — Il faut qu'une porte soit ouverte ou fermée. — Louison. — On ne saurait penser à tout. — Carmosine. — Bettine). . . . . 3 vol.

NOUVELLES (Les deux maîtresses. — Emmeline. — Le fils du Titien. — Frédéric et Bernerette. — Margot). . . . . 1 vol.

CONTES (Croisilles. — Pierre et Camille. — Le secret de Javotte. — La mouche. — Le merle blanc. — Mademoiselle Mimi Pinson).   1 vol.

LA CONFESSION D'UN ENFANT DU SIÈCLE. . . 1 vol.

MÉLANGES DE LITTÉRATURE ET DE CRITIQUE (Le tableau d'église. — Revues fantastiques. — Salon de 1836. — Lettres de Dupuis et Cotonet. — La tragédie à propos des débuts de mademoiselle Rachel. — Faire sans dire. — Discours de réception, etc., etc.). 1 vol.

ŒUVRES POSTHUMES (Un souper chez mademoiselle Rachel. — Le poète et le prosateur. — Poésies diverses. — Le songe d'Auguste. — L'âne et le ruisseau. — Faustine. — Lettres familières, etc., etc.).   1 vol.

EXTRAITS DE L'ŒUVRE D'ALFRED DE MUSSET, édition choisie et annotée en vue de la jeunesse, par un ancien professeur de l'Université. . . . . 1 vol.

(Voir *Éditions illustrées*, page 46. — *Petite Bibliothèque-Charpentier*, pages 43.) — (Voir page 31.)

MUSSET (Paul de)

BIOGRAPHIE D'ALFRED DE MUSSET (7e édition).   1 vol.

LUI ET ELLE (13e édition). . . . . 1 vol.

(Voir *Petite Bibliothèque-Charpentier*, page 43.)

LE NOUVEL ALADIN, suivi de *la Frascatane*, du *Bisceliais* et de *la Saint-Joseph* (2e édition) . . . . 1 vol.

LAUZUN (4e édition, revue et corrigée). . . . . 1 vol.

HISTOIRES DE TROIS MANIAQUES. . . . . 1 vol.

NADAR

SOUS L'INCENDIE. . . . . 1 vol.

NAQUET (Félix)

HAUTE ÉCOLE (Poésies). . . . . 1 vol.

NARDIN (Georges)

LES HORIZONS BLEUS. . . . . 1 vol.

NAVARRE (REINE DE)

L'HEPTAMÉRON, avec notice, notes et index de P. JANNET. . . . . 1 vol.

NION (FRANÇOIS DE)

L'OBEX (2ᵉ mille). . . . . 1 vol.

NODIER (CHARLES)

SOUVENIRS DE LA RÉVOLUTION ET DE L'EMPIRE. . . . . 2 vol.

SOUVENIRS DE JEUNESSE (Séraphine. — Thérèse. — Clémentine. — Amélie. — Lucrèce et Jeannette. — Mademoiselle de Marsan. — La neuvaine de la Chandeleur). . . . . 1 vol.

CONTES DE LA VEILLEE (J. François-les-Bas-bleus. — Hélène Gillet. — M. Cazotte. — Légende de sœur Béatrix. — Les aveugles de Chamouny. — Le chien de Brisquet. — Les quatre talismans. — Polichinelle. — Baptiste Montauban. — La filleule du Seigneur. — L'homme et la fourmi, etc., etc.). . . . . 1 vol.

CONTES FANTASTIQUES (Trésor des fèves et Fleur des pois. — La Fée aux miettes. — Smarra. — Le Songe d'or. — Le Génie bonhomme). (Nouvelle édition accompagnée de notes). . . . . . 1 vol.

NOUVELLES (Trilby. — Inès de las Sierras. — Lydie. — Les Proscrits. — Fantaisies du dériseur sensé. — Les Marionnettes, etc.). 1 vol.

ROMANS (Le Peintre de Saltzbourg. — Les méditations du cloître. — Jean Sbogar. — Thérèse Aubert. — Adèle.) (Nouvelle édition revue et accompagnée de notes.) . . . . 1 vol.
(Voir *Petite Bibliothèque-Charpentier*, page 43).

NOEL (ED.) ET STOULLIG (EDMOND)

LES ANNALES DU THÉÂTRE ET DE LA MUSIQUE, avec préface de FRANCISQUE SARCEY. — Première année (1875) (épuisée). . . . . 1 vol.
— Deuxième année (1876). . . . . 1 vol.
— Troisième année (1877), précédée d'une Étude sur le Théâtre français, par M. GOT, de la Comédie-Française. . . . . 1 vol.
— Quatrième année (1878), avec préface de ÉMILE ZOLA . . . . . 1 vol.
— Cinquième année (1879), avec préface de H. DE LAPOMMERAYE. 1 vol.
— Sixième année (1880), avec préface de V. JONCIERES. . . . . 1 vol.
— Septième année (1881), av. préface de HENRY FOUQUIER (épuisée) 1 vol.
— Huitième année (1882), avec préface de E. PERRIN (épuisée). . . 1 vol.
— Neuvième année (1883), avec une préface. — *Le tout Paris des Premières,* par M. CHARLES GARNIER, de l'Institut . . . . 1 vol.
— Dixième année (1884), avec préface de H. DE PÈNE. . . . . . . 1 vol.
— Onzième année (1885) avec préface de Ch. GOUNOD. . . . . . . 1 vol.
— Douzième année (1886), avec préface de JULES BARBIER . . . . 1 vol.
— Treizième année (1887) avec préface de JULES CLARETIE, de l'Académie française . . . . 1 vol.
— Quatorzième année (1888), avec préface de HECTOR PESSARD. 1 vol.
— Quinzième année (1889), avec préface de HENRI MEILHAC, de l'Académie française. . . . . 1 vol.
— Seizième année (1890) avec préface de LUDOVIC HALÉVY, de l'Académie française. . . . . 1 vol.
— Dix-septième année (1891) avec une préface de GUSTAVE LARROUMET de l'Institut. . . . . 1 vol.
— Dix-huitième année (1892) avec une préface de JULES LEMAÎTRE. 1 vol.
— Dix-neuvième année (1893) avec une préface de BRUNETIERE. 1 vol.
— Vingtième année (1894) avec une préface de FRANCISQUE SARCEY. . . . . 1 vol.
(Publication couronnée par l'Académie française

NOEL (Édouard)

ROSIE. Roman parisien (2ᵉ mille). (Voir page 51) . . . . 1 vol.

NOEL (Octave)

AUTOUR DU FOYER. Causeries économiques et morales
(5ᵉ mille). . . . . 1 vol.
(Ouvrage couronné par l'Académie française. — Prix Montyon.)
**ÉTUDES SUR L'ORGANISATION FINAN-
CIÈRE**. . . . . 1 vol.

OBERKIRCH (Baronne d')

MÉMOIRES SUR LA COUR DE LOUIS XVI *et la Société
française avant* 1789, publiés d'après le manuscrit de l'auteur, par le
comte de Montbrison son petit-fils. . . . . 2 vol.

O'BRIEN (William)

A VINGT ANS (2ᵉ mille) . . . . 1 vol.

O'NEDDY (Philothée)

POÉSIES POSTHUMES. — Précédées d'une notice de M. ERNEST
HAVET, professeur au Collège de France. . . . . 1 vol.
ŒUVRES EN PROSE. — Romans et contes, Critique théâtrale,
Lettres ornées d'un portrait de l'auteur . . . . 1 vol.

ORLÉANS (Duchesse d')

**CORRESPONDANCE COMPLÈTE DE LA DUCHESSE
D'ORLÉANS, PRINCESSE PALATINE, MÈRE DU
RÉGENT**, traduction nouvelle par M. G. BRUNET, accompagnée de
notes et d'éclaircissements . . . . 2 vol.

OUDINOT (Camille)

FILLES DU MONDE. . . . . 1 vol.
ADULTÈRE SENTIMENTAL (2ᵉ mille). . . . . 1 vol.
NOEL SAVARE. . . . . 1 vol.

PAGAT (Henry)

LE BARON PANGORJU . . . . 1 vol.
PANGORJU AU POUVOIR. . . . . 1 vol.

PALLU DE LA BARRIÈRE (Amiral Léopold)

LES GENS DE MER. . . . . 1 vol.

PASCAL (Blaise)

PENSÉES. — Édition variorum d'après le texte du manuscrit autographe contenant les Lettres et opuscules ; — l'histoire des éditions *Les
Pensées* ; — la vie de Pascal par sa sœur ; — des notes choisies et inédites et un index complet (édition CHARLES LOUANDRE). . . . . . 1 vol.
LES PROVINCIALES, ou lettres écrites par Louis de Montalte à un
provincial de ses amis et aux RR. PP. Jésuites sur le sujet de la morale
et de la politique de ces pères. — Édition accompagnée de notes et
précédée d'un précis historique sur le jansénisme (Edition CHARLES
LOUANDRE). . . . . 1 vol.

PATÉ (Lucien)

POÉSIES (Ouvrage couronné par l'Académie française) (3ᵉ mille). 1 vol.

PAZ (Maxime)

UN AMOUR D'AUJOURD'HUI. . . . . 1 vol.

PELLEPORT (Adolphe)

TOUS LES AMOURS. Poésies . . . . 1 vol.

PELLET (Marcellin)

NAPOLÉON A L'ILE D'ELBE. . . . . 1 vol.
NAPLES CONTEMPORAINE (Ouvrage couronné par l'Aca-
démie française (2ᵉ mille). . . . . 1 vol.

PÉTRARQUE (François)

LES RIMES, traduction nouvelle de Francisque Reynard. .   1 vol.

PEYREBRUNE (George de)

UNE SÉPARATION (2ᵉ mille). . . . .   1 vol.

MADEMOISELLE DE TRÉMOR (2ᵉ mille). . . . . . .   1 vol.
(Voir « La Nouvelle Collection » page 45).

PIERRE NINOUS

CŒUR DE NEIGE. . . . .   1 vol.

PIERRE VICTOR

LES ÉVANGILES ET L'HISTOIRE. . . . .   1 vol.

PILLAUT (Léon)

INSTRUMENTS ET MUSICIENS, avec une préface d'Alphonse
Daudet. . . . .   1 vol.

PIRON

ŒUVRES, précédées d'une notice d'après des documents nouveaux, par
Édouard Fournier.   1 vol.

PISSEMSKY

DANS LE TOURBILLON, roman en trois parties, traduit du russe
par V. Derely. . . . .   1 vol.

PLATON

ŒUVRES COMPLÈTES, traduites en français sous la direction
d'Émile Saisset, professeur de philosophie à la Faculté des lettres de
Paris, membre de l'Institut, etc. . . . .   10 vol.
Nota. La traduction de plusieurs dialogues est empruntée à Grou et à Dacier, mais revue et corrigée par M. *Amédée Saisset;* la traduction des
autres dialogues est entièrement de M. *Emmanuel Chauvet.*

Cette édition forme 10 volumes qui se vendent séparément.
1ᵉʳ vol. — **Dialogues socratiques.** — Tome Iᵉʳ. — Euthyphron. — Apo-
logie de Socrate. — Criton. — Premier Alcibiade. — Charmide. — Lachès.
2ᵉ vol. — **Dialogues socratiques.** — Tome II. — Protagoras. — Premier
Hippias. — Menexène. — Ion. — Lysis. — Phèdre.
3ᵉ vol. — **Dialogues polémiques.** — Tome Iᵉʳ. — Théétète. — Cratyle. —
Euthydème.
4ᵉ vol. — **Dialogues polémiques.** — Tome II. — Le Sophiste. — Parmé-
nide. — Ménon. — Philèbe.
5ᵉ vol. — **Dialogues dogmatiques.** — Tome Iᵉʳ. — Phédon. — Gorgias.
— Le Banquet.
6ᵉ vol. — **Dialogues dogmatiques.** — Tome II. — Le Politique. — Le Timée.
— Critias.
7ᵉ vol. — **La République ou l'État.**
8ᵉ vol. — **Les Lois.** — Tome Iᵉʳ.
9ᵉ vol. —   —   — Tome II.
10ᵉ vol. — **Dialogues apocryphes.** — Second Hippias. — Second Alcibiade. — Les Rivaux. — Théagès. — Timée de Locres. — Épinomis. — Hip-
parque. — Axiochus, etc., etc. — Lettres. — Testament. — Fragments divers.

PLINE LE JEUNE

LETTRES, traduction Pessonneaux. . . . .   1 vol.

PLUTARQUE

VIES DES HOMMES ILLUSTRES, traduction nouvelle **par**
M. Alexis Pierron, avec une notice du traducteur. . . . . .   4 vol.

POÈTES DE LA GRÈCE

EXTRAITS ET NOTICES, par ÉMILE PESSONNEAUX (Homère. — Hésiode. — Callinus. — Tyrtée. — Sapho. — Mimnerme. — Solon. — Anacréon. — Simonide. — Bacchylide. — Pindare. — Eschyle. — Sophocle. — Euripide. — Aristophane. — Aristote. — Ménandre. — Théocrite. — Callimaque. — Bion et Moschus). . . . . 1 vol.

POLLIO et A. MARCEL

LE BATAILLON DU 10 AOUT 1792. . . . . 1 vol.

PONNAT (BARON DE)

HISTOIRE DES VARIATIONS ET CONTRADICTIONS DE L'ÉGLISE ROMAINE. . . . . 2 vol.

POPELIN (CLAUDIUS)

POÉSIES . . . . 1 vol.

PORTALIS (ED.)

DEUX RÉPUBLIQUES. . . . . 1 vol.

PRÉVOST (L'ABBÉ)

HISTOIRE DE MANON LESCAUT ET DU CHEVALIER DESGRIEUX. Édition accompagnée de notices et travaux littéraires, par SAINTE-BEUVE et G. PLANCHE. . . . . 1 vol.
   (Voir *Petite Bibliothèque-Charpentier*, page 43.)

PROUST (ANTONIN)

L'ART SOUS LA RÉPUBLIQUE. . . . . 1 vol

RABELAIS (F.)

ŒUVRES, édition augmentée de plusieurs extraits des *Chroniques admirables du puissant roi Gargantua*, ainsi que d'un grand nombre de variantes, et de deux chapitres inédits du cinquième livre d'après un manuscrit de la Bibliothèque impériale ; avec des notes explicatives, et d'une notice historique contenant des documents originaux relatifs à la vie de Rabelais, par PAUL L. JACOB, bibliophile. . . . . 1 vol.

RACINE (JEAN)

THÉATRE COMPLET. — Édition variorum annotée d'après Racine fils, madame de Sévigné, Le Batteux, Voltaire, La Harpe, Napoléon, Schlegel, Roger, Geoffroy, Patin, Sainte-Beuve, Saint-Marc Girardin, Nisard, etc. (Édition CHARLES LOUANDRE) . . . . 1 vol.

REGNAULT (HENRI)

CORRESPONDANCE recueillie et annotée par M. ARTHUR DUPARC, suivie du *Catalogue complet* de l'Œuvre de H. Regnault, et ornée d'un *Portrait* gravé à l'eau-forte par M. LAGUILLERMIE (4e mille). . . 1 vol.

REIBRACH (JEAN)

UN COIN DE BATAILLE. . . . . 1 vol.
LA GAMELLE (3e mille) . . . . 1 vol.
LA VIE BRUTALE (2e mille) . . . . 1 vol.
ALLER ET RETOUR (2e mille). . . . . 1 vol.

REINACH (JOSEPH)

VOYAGE EN ORIENT. — Les premières Stations. — Le Danube. — Le Bosphore. — La Grèce. — L'Adriatique. — La question d'Orient en Orient. . . . . 2 vol.
LES RÉCIDIVISTES (2e mille). . . . . 1 vol.
LA LOGIQUE PARLEMENTAIRE. . . . . 1 vol.
LA POLITIQUE OPPORTUNISTE . . . . 1 vol.
   (Voir pages 48, 49, 52.)

RESTIF DE LA BRETONNE

ŒUVRES précédées d'une notice de J. ASSESAT . . . . 2 vol.
   TOME I. Les Contemporaines mêlées.
   TOME II. Les Contemporaines du commun et les Contemporaines par gradation.

RETZ (CARDINAL DE)

MÉMOIRES adressés à Mme de Caumartin, suivis des instructions inédites de Mazarin, relatives aux Frondeurs. Nouvelle édition revue
et collationnée sur le manuscrit original, avec des notes, des éclaircissements tirés des *Mazarinades*, et un index par M. AIMÉ CHAMPOLLION-
FIGEAC . . . .   4 vol.
(Voir *Petite Bibliothèque-Charpentier*, page 44).

REVEL (JEAN)

CHEZ NOS ANCÊTRES.   1 vol.
TESTAMENT D'UN MODERNE. . . . .   1 vol.
DIALOGUE DES VIVANTS . . . .   1 vol.
LA FIN D'UNE AME . . . .   1 vol.
ASCENSION . . . .   1 vol.
MULTIPLE VIE . . . .   1 vol.

RICHARD (JACQUES)

POÉSIES recueillies pour la première fois et précédées d'une étude par
A. DIETRICH . . . .   1 vol.

RICHEPIN (JEAN)

LA CHANSON DES GUEUX, poésies (nouvelle édition)   1 vol.
LES CARESSES (poésies). . . . .   1 vol.
LES BLASPHÈMES (poésies). . . . .   1 vol.
LA MER, poésies (nouvelle édition) . . . .   1 vol.
LA GLU (nouvelle édition). . . . .   1 vol.
MADAME ANDRÉ (nouvelle édition). . . . .   1 vol.
LES MORTS BIZARRES (nouvelle édition). . . . . .   1 vol.
MIARKA LA FILLE A L'OURSE (nouvelle édition).   1 vol.
LE PAVÉ (nouvelle édition). . . . .   1 vol.
BRAVES GENS (nouvelle édition). . . . .   1 vol.
CÉSARINE (nouvelle édition). . . . .   1 vol.
LE CADET (8e mille). . . . .   1 vol.
TRUANDAILLES (4e mille). . . . .   1 vol.
CAUCHEMARS (2e mille). . . . .   1 vol.
LA MISÉLOQUE. — Choses et Gens de Théâtre . . . . .   1 vol.
L'AIMÉ. — Roman . . . .   1 vol.
MES PARADIS (poésies) (8e mille) . . . .   1 vol.
FLAMBOCHE. — Roman (8e mille). . . . .   1 vol.
GRANDES AMOUREUSES (5e mille). . . . .   1 vol.
THÉATRE CHIMÉRIQUE (27 actes en prose et en vers).   1 vol.
LA BOMBARDE. . . . .   1 vol.
CONTES DE LA DÉCADENCE ROMAINE . . . . .   1 vol.
(Voir page 31). (*Petite Bibliothèque-Charpentier*, page 44.)

ROBERT (LOUIS DE)

UN TENDRE (2e mille) . . . .   1 vol.
PAPA. . . . .   1 vol.
L'ANNEAU . . . .   1 vol.

ROCHEFORT (HENRI)

L'ÉVADÉ (4e mille).   1 vol.
LE PALEFRENIER (5e mille). . . . .   1 vol.

ROD (ÉDOUARD)

LE MÉNAGE DU PASTEUR NAUDIE (Voir p. 44).   1 vol.

RODENBACH (GEORGES)

LE RÈGNE DU SILENCE. Poème. . . . .   1 vol.
MUSÉE DE BÉGUINES . . . .   1 vol.
LES VIES ENCLOSES (Poème). . . . .   1 vol.
LE CARILLONNEUR (3e mille). . . . .   1 vol.
LA JOIE CONTEMPLATIVE (Poème) . . . .   1 vol.

ROGER-MILÈS (L.)

CENT PIÈCES A DIRE. . . . . 1 vol.

ROLLINAT (Maurice)

LES NÉVROSES (5e mille). . . . . 1 vol.
DANS LES BRANDES, poèmes et rondels. . . . . 1 vol.
L'ABIME poésies (2e mille). . . . . 1 vol.
LA NATURE (poésies). . . . . 1 vol.
LES APPARITIONS. . . . . 1 vol.

ROMANS GRECS

Daphnis et Chloé, de Longus. — Théagène et Chariclée, d'Éliodore. —
Traduction de Zevort. . . . . 1 vol.

RONSARD (P. de)

POÉSIES CHOISIES, publiées avec notes et index, concernant
la langue et la versification de Ronsard, par L. Becq de Fouquières. . . . . 1 vol.

ROSNY (Léon de)

TAUREAUX ET MANTILLES. . . . . 1 vol.

ROUSSEAU (J.-J.)

LES CONFESSIONS. . . . . 1 vol.

ROUX (Amédée)

**HISTOIRE DE LA LITTÉRATURE CONTEMPORAINE
EN ITALIE.** . . . . 1 vol.

SAINT AUGUSTIN

LES CONFESSIONS, traduction de M. Paul Jannet, *couronnée par
l'Académie française.* . . . . 1 vol.

SAINTE-BEUVE

POÉSIES COMPLÈTES (Joseph Delorme. — Les Consolations. —
Pensées d'août, etc.). (Nouvelle édition). . . . . 1 vol.
**TABLEAU HISTORIQUE ET CRITIQUE DE LA POE-
SIE FRANÇAISE ET DU THÉATRE FRANÇAIS** au
XVIe siècle. Nouvelle édition, suivie de Portraits particuliers des princi-
paux poètes. . . . . 1 vol.
VOLUPTÉ (9e édition avec un appendice contenant les témoignages et
jugements contemporains). . . . . 1 vol.

SAINT-GERMAIN (J.-T. de)

Jules Tardieu.

CONTES ET LÉGENDES. 1re série (La légende de Mignon. —
Pour une épingle. — La fontaine de Médicis. — La feuille de coudrier.
— La roulette). . . . . 1 vol.
CONTES ET LÉGENDES. 2e série (La Veilleuse. — Pour parve-
nir. — Dolorès) . . . . 1 vol.
(Voir *Petite Bibliothèque-Charpentier,* pages 44.) (Voir page 52.)

SAINT-MARC GIRARDIN

COURS DE LITTÉRATURE DRAMATIQUE, ou de l'usage
des passions dans le drame. . . . . 5 vol.
ESSAIS DE LITTÉRATURE ET DE MORALE . 2 vol.
JEAN-JACQUES ROUSSEAU. Sa vie et ses œuvres avec pré-
face par Bersot. . . . . 2 vol.

SALLUSTE

ŒUVRES. Traduction nouvelle, avec le texte latin, par M. Émile Pessonneaux, précédée de la Vie de Salluste, par le président de Brosses,
et suivie d'un index géographique. . . . . 1 vol.

SANDEAU (Jules)

MADELEINE, ouvrage couronné par l'Académie française. 1 vol.
MADEMOISELLE DE LA SEIGLIÈRE (29e mille). 1 vol.
(Voir *Petite Bibliothèque-Charpentier,* pages 44.)

MARIANNA. . . . .   1 vol.
LE DOCTEUR HERBEAU . . . .   1 vol.
  (Voir *Petite Bibliothèque-Charpentier*, page 44.)
FERNAND, suivi de **VAILLANCE** et de **RICHARD.**   1 vol.
VALCREUSE. . . . .   1 vol.
**MADAME DE SOMMERVILLE. — LA CHASSE AU
  ROMAN.** . . . .   1 vol.
  (Voir *Petite Bibliothèque-Charpentier*, page 44.)

SATYRE MÉNIPPÉE

**DE LA VERTU DU CATHOLICON D'ESPAGNE ET DE
  LA TENUE DES ÉTATS DE PARIS** (édition
  Labitte). . . . .   1 vol.

SCHILLER

THÉATRE. Traduction nouvelle, précédée d'une Notice par M. X. Mar-
  mier. . . . .   3 vol.
    Chaque volume se vend séparément :
  Tome Ier. — Les Brigands. — La Conjuration de Fiesque. — L'Intrigue
    et l'Amour.
  Tome II. — Don Carlos. — Marie Stuart. — Jeanne d'Arc.
  Tome III. — Le camp de Wollenstein. — Les Piccolomini. — La mort de
    Wallenstein. — La Fiancée de Messine. — Guillaume Tell.
HISTOIRE DE LA GUERRE DE TRENTE ANS. Traduc-
  tion de Mme la baronne de Carlowitz, couronnée par l'Académie fran-
  çaise. . . . .   1 vol.
POÉSIES. Traduction de M. X. Marmier. . . . .   1 vol.

SCHOLL (Aurélien)

LES INGÉNUES DE PARIS (5e mille). . . . .   1 vol.
TABLEAUX VIVANTS. . . . .   1 vol.

SCHURÉ

LA LÉGENDE DE L'ALSACE. . . . .   1 vol.

SCHWOB (Marcel)

VIES IMAGINAIRES. . . . .   1 vol.

SÉBILLOT (Paul)

CONTES POPULAIRES DE LA HAUTE-BRETAGNE
  (2e mille). . . . .   1 vol.
CONTES DES PAYSANS ET DES PÊCHEURS. .   1 vol.
CONTES DES MARINS.
  (Les Féeries et Aventures merveilleuses. — Les Facéties et les Bons
  Tours. — Les Diableries, Sorcelleries et Histoires de Revenants. —
  Contes divers) . . . .   1 vol.
LÉGENDES, Croyances et superstitions de la mer. 2 séries. .   2 vol.

SENANCOUR (de)

OBERMANN, avec une préface par George Sand. . . . .   1 vol.

SHAKSPEARE

ŒUVRES COMPLETES. Traduction Benjamin Laroche.   6 vol.
    Chaque volume se vend séparément :
  Tome Ier. — La Tempète. — Les deux Gentilshommes de Vérone. — Les
    joyeuses Commères de Windsor. — La douzième Nuit, ou Ce que vous
    voudrez. — Mesure pour mesure. — Othello. — Tout est bien qui finit bien.
  Tome II. — La Méchante mise à la raison. — Macbeth. — Hamlet. — Contes
    d'hiver. — Le Marchand de Venise.
  Tome III. — Beaucoup de bruit pour rien. — Les Méprises. — Peines d'a-
    mour perdues. — Cymbéline. — Roméo et Juliette. — Troïle et Cressida.
  Tome IV. — Le roi Léar. — Périclès. — Comme il vous plaira. — Coriolan.
    — Jules César. — Antoine et Cléopâtre.
  Tome V. — Songe d'une nuit d'été. — Timon d'Athènes. — Le roi Jean. —
    Richard II. — Henri IV (les deux parties).
  Tome VI. — Henri V. — Henri VI (les trois parties). — Richard III —
    Henri VIII.

SHERIDAN

THÉATRE, traduction GEORGES DUVAL. . . . .   1 vol.

SILVESTRE (ARMAND)

PREMIÈRES POÉSIES (Les Amours. — La Vie. — L'Amour), avec une préface de GEORGE SAND. . . . .   1 vol.
LA CHANSON DES HEURES. Poésies. Nouvelle édition considérablement augmentée. . . . .   1 vol.
LES AILES D'OR. Poésies (édition définitive) . . . .   1 vol.
LE CHEMIN DES ÉTOILES. Poésies . . . .   1 vol.
ROSES D'OCTOBRE (Poésies). . . . .   1 vol.
UN PREMIER AMANT (8ᵉ mille). . . . .   1 vol.
PORTRAITS ET SOUVENIRS (1886-1891) 2ᵉ mille. .   1 vol.
L'OR DES COUCHANTS. Poésies. . . . .   1 vol.
LA KOSAKE (Roman) (4ᵉ mille). . . . .   1 vol.
LES AURORES LOINTAINES. Poésies nouvelles (1892-1895) (2ᵉ mille) . . . .   1 vol.
LES TENDRESSES. Poésies nouvelles (1895-1898) (2ᵉ mille).   1 vol.
(Voir volumes illustrés, page 41.) | (Voir page 52.)

SILVESTRE (THÉOPHILE)

PLAISIRS RUSTIQUES . . . .   1 vol.
LES ARTISTES FRANÇAIS . . . .   1 vol.

SILVIO PELLICO

MES PRISONS, suivies du discours sur les *Devoirs des Hommes,* traduction de M. A. DE LATOUR, des additions de MARON-CELLI, etc. . . . .   1 vol.
(Voir *Petite Bibliothèque-Charpentier,* page 44.)

SIMMY (GEORGE)

SACRIFIÉS . . . .   1 vol.

SIMONIN (L.)

LE GRAND-OUEST DES ÉTATS-UNIS (Les Pionniers et les Peaux-Rouges. — Les Colons du Pacifique), accompagné d'une petite carte (nouv. édition, revue et augmentée). . . . .   1 vol.
A TRAVERS LES ÉTATS-UNIS, DE L'ATLANTIQUE AU PACIFIQUE (Le grand Désert américain. — Les Mormons. — Les Filons d'argent du Nevada. — La Californie. — Les Immigrants. — Les derniers Peaux-Rouges.) (Nouvelle édition, revue et augmentée).   1 vol.

SOPHOCLE

THÉATRE. Traduction nouvelle, précédée d'une notice biographique accompagnée de notes explicatives, par M. ÉMILE PESSONNEAUX, et suivie de notes de J. RACINE, sur le théâtre de Sophocle.   1 vol.

SOURY (JULES)

JÉSUS ET LES ÉVANGILES (2ᵉ mille). . . . .   1 vol.
PORTRAITS DU XVIIIᵉ SIÈCLE . . . .   1 vol.
PHILOSOPHIE NATURELLE. . . . .   1 vol.
(Voir page 49.)

SPULLER (E.)

NOUVELLES CONFÉRENCES POPULAIRES. . . .   1 vol.

STAEL (Mᵐᵉ DE)

CORINNE OU L'ITALIE, avec notice par Mᵐᵉ NECKER DE SAUSSURE. . . . .   1 vol.

DE L'ALLEMAGNE, avec notice par M. X. MARMIER. . .   1 vol.

DELPHINE, avec une préface de SAINTE-BEUVE. . . . .   1 vol.

DE LA LITTERATURE CONSIDÉRÉE DANS SES RAPPORTS AVEC LES INSTITUTIONS SOCIALES. . . . .   1 vol.

CONSIDÉRATIONS SUR LA RÉVOLUTION FRANÇAISE . . . .   2 vol.

MÉMOIRES (DIX ANNÉES D'EXIL), précédés d'une notice sur la vie et les ouvrages de Mme de Staël, par Mme NECKER DE SAUSSURE.   1 vol.

STEENACKERS ET LE GOFF

HISTOIRE DU GOUVERNEMENT DE LA DÉFENSE NATIONALE EN PROVINCE (4 septembre 1870 — 8 février 1871). (En vente les t. 1, 2, 3). . . . .   4 vol.

STENDHAL

JOURNAL. (Œuvre posthume) (1801-1814) publié par MM. STRYIENSKI et DE NION, avec un portrait de Stendhal . . . .   1 vol.

LA VIE D'HENRI BRULARD, œuvre posthume publiée par M. STRYIENSKI . . . .   1 vol.

SOUVENIRS D'ÉGOTISME, œuvre posthume publiée par M. CASIMIR STRYIENSKI . . . .   1 vol.

STERNE

VIE ET OPINIONS DE TRISTRAM SHANDY, gentilhomme, suivies du **VOYAGE SENTIMENTAL EN FRANCE** et des **LETTRES D'YORICK A ÉLISA,** traduction LÉON DE WAILLY. . . . .   2 vol.

STRAUSS (PAUL)

L'ENFANCE MALHEUREUSE . . . .   1 vol.

SUÉTONE

LES DOUZE CÉSARS, traduction nouvelle avec le texte latin, un commentaire historique et un index, par M. ÉMILE PESSONNEAUX . . . .   1 vol.

SYLVANECTE

SOUVENIRS DE LA COUR IMPÉRIALE A COMPIEGNE (2e mille). . . . .   1 vol.

SYLVIN (ED.)

CONTES BLEUS ET NOIRS . . . .   1 vol.

TABARANT (ADOLPHE)

L'AUBE . . . .   1 vol.

TACITE

ŒUVRES COMPLÈTES, traduction nouvelle par M. CHARLES LOUANDRE, couronnée par l'Académie française ; édition, revue, corrigée et complétée par des sommaires historiques en remplacement des fragments perdus, accompagnée du texte latin, d'un index et d'une notice sur Tacite. . . . .   2 vol.

TALMEYR (MAURICE)

LA CORMIÈRE (2e mille). . . . .   1 vol.

TASSE (LE)

JÉRUSALEM DÉLIVRÉE, suivie de l'*Aminte*, traduction de M. A. DESPLACES, avec notice . . . .   1 vol.

TCHENG-KI-TONG (GÉNÉRAL)

LES PLAISIRS EN CHINE (3e mille) . . . .   1 vol.

LE ROMAN DE L'HOMME JAUNE (3e mille). . . . . .   1 vol.

LES PARISIENS PEINTS PAR UN CHINOIS (3e mille) . . . .   1 vol.

MON PAYS . . . .   1 vol.

TÉRENCE

COMÉDIES, traduction nouvelle par M. Eugène Talbot, professeur de rhétorique au lycée Rollin, avec le texte latin en regard et une introduction du traducteur. . . . . 2 vol.

THÉOCRITE

ŒUVRES, traduction nouvelle avec une introduction, des notes et des appendices, par M. R. Pessonneaux. . . . . 1 vol.

THEURIET (André)

MADEMOISELLE GUIGNON (4e mille). . . . . 1 vol.
LE MARIAGE DE GÉRARD, suivi de **UNE ONDINE** (6e mille). . . . . 1 vol.
LA FORTUNE D'ANGÈLE (3e mille). . . . . 1 vol.
RAYMONDE suivi de **LE DON JUAN DE VIRELOUP** (6e mille). . . . . 1 vol.
(Voir *Petite Bibliothèque-Charpentier,* page 44.)
LE FILLEUL D'UN MARQUIS (Nos enfants) (5e mille). 1 vol.
LE FILS MAUGARS (Nos enfants) (6e mille). . . . . 1 vol.
TANTE AURÉLIE (Nos enfants) (9e mille). . . . . 1 vol.
TOUTE SEULE (6e mille). . . . . 1 vol.
Mme HEURTELOUP (La Bête noire) (Nos Enfants) (6e mille). 1 vol.
HÉLÈNE (Nos Enfants) (12e mille). . . . . 1 vol.
SOUS BOIS (7e mille). . . . . 1 vol.
LE JOURNAL DE TRISTAN (3e mille). . . . . 1 vol.
L'AFFAIRE FROIDEVILLE (8e mille). . . . . 1 vol.
GERTRUDE ET VÉRONIQUE (6e mille). . . . . 1 vol.
L'AMOUREUX DE LA PRÉFÈTE (10e mille). . . . . 1 vol.
REINE DES BOIS (11e mille). . . . . 1 vol.
LE MARI DE JACQUELINE (8e mille). . . . . 1 vol.
JEUNES ET VIEILLES BARBES (Nos enfants) 7e mille. 1 vol.
FLAVIE (8e mille). 1 vol.
CONTES DE LA PRIMEVÈRE (6e mille). . . . . 1 vol.
LYS SAUVAGE. . . . . 1 vol.
(Voir *Petite Bibliothèque-Charpentier,* page 44 ; *Nouvelle Collection,* page 44), page 52.

THOMAS-ANQUETIL

AVENTURES ET CHASSES DANS L'EXTRÊME ORIENT :
Première partie : HOMMES ET BÊTES (De Paris en Birmanie. — L'Aspic de Cléopâtre et la pierre vivante. — Chasse aux gerboises et aux gazelles. — Les Amours du coq de bruyère. — La chasse au paon et au coq d'Indes sauvages. — Une chasse au babiroussa. — Le lézard chanteur. — La chasse aux faisans. — Moines et Nonnes bouddhistes) (Nouvelle édition). . . . . 1 vol.
Deuxième partie : LE SPORT DE L'ÉLÉPHANT (L'éléphant domestique. — L'éléphant blanc. — L'éléphant sauvage. — Excursions aux roches aurifères des monts Mahôo-Thoung. — En plaine. — Au bord du rivage. — Observations critiques). . . . . 1 vol.
Troisième partie : LA CHASSE AU TIGRE. — La chasse au cheval sauvage. — La chasse au chevrotain à musc. — La chasse aux flambeaux. — La favorite déchue. — L'avenir de la Birmanie. . . . . 1 vol.

THUCYDIDE

HISTOIRE DE LA GUERRE DU PÉLOPONÈSE, traduction nouvelle par M. Zevort, avec notes historiques, biographiques, géographiques et un index. . . . . 2 vol.

TOLSTOI (Léon)

PLAISIRS VICIEUX, traduction du Russe par Halpérine, Kaminsky, préface par Alexandre Dumas, de l'Académie française (3e mille). . . . . 1 vol.
PLAISIRS CRUELS, contenant la profession de foi de l'auteur, traduit du Russe par Halpérine Kaminsky, préface par Charles Richet, professeur à la Faculté de Médecine de Paris. . . . . . 1 vol.

TOURGUENEFF (Ivan)

PÈRES ET ENFANTS, précédé d'une lettre à l'éditeur par Prosper Mérimée, de l'Académie française (5e édition). . . . . 1 vol.

TREZENIK (Léo)
LE MAGOT DE L'ONCLE CYRILLE (2ᵉ mille). . . .   1 vol.

VALLÈS (Jules)
LES RÉFRACTAIRES. . . . .   1 vol.
JACQUES VINGTRAS. L'Enfant (7ᵉ mille). . . . .   1 vol.
      —   Le Bachelier (6ᵉ mille) . . . . . .   1 vol.
      —   L'Insurgé (4ᵉ mille). . . . .   1 vol.
   (Voir page 47.)

VALNORE (Jean)
LES MIRAGES. . . . .   1 vol.

VAN DE WIELE (Mˡˡᵉ Marguerite)
MAISON FLAMANDE. . . . .   1 vol.
LADY FAUVETTE, suivi de : *Histoire d'un ménage*. . . . .   1 vol.
INSURGEE . . . .   1 vol.

VERLAINE (Paul)
CHOIX DE POÉSIES, ornées d'un portrait de l'auteur,
d'après Eugène Carrière (13ᵉ mille). . . . .   1 vol.

VICAIRE (Gabriel)
ÉMAUX BRESSANS. . . . .   1 vol.

VIEL CASTEL (Louis de)
ESSAI SUR LE THÉATRE ESPAGNOL. . . . . . .   2 vol.

VIGÉE LE BRUN (Mᵐᵉ)
SOUVENIRS, suivis de la liste complète de ses tableaux et portraits. . . . .   2 vol.

VIGNET
LÉONIE CHAMBARD. . . . .   1 vol.
L'ERREUR DE CLAIRE. . . . .   1 vol.
UN TRANSFUGE. . . . .   1 vol.
ESPERANCE . . . .   1 vol.

VILBORT (J.)
CHIMÈRE D'AMOUR. . . . .   1 vol.

VILLIERS DE L'ISLE-ADAM
L'EVE FUTURE. . . . .   1 vol.

VILLON (François)
ŒUVRES COMPLETES, suivies d'un choix des poésies de ses
disciples, édition préparée par La Monnoye, mise au jour avec notes et
glossaire par P. Jannet. . . . .   1 vol.

VIRGILE
ŒUVRES COMPLETES, traduction nouvelle accompagnée du
texte latin et précédée d'une notice biographique et littéraire par
M. Émile Pessonneaux . . . .   2 vol.
   (Voir *Petite Bibliothèque-Charpentier*, page 44.)

VOLTAIRE
SIECLE DE LOUIS XIV, suivi de la liste raisonnée des personna-
ges célèbres de son temps. — Nouvelle édition annotée d'après les
lettres, mémoires, documents et actes officiels du dix-septième et du
dix-huitième siècle et les principaux historiens étrangers ou français
(édition Charles Louandre). . . . .   1 vol.

WAGNER (Richard)
SOUVENIRS, traduction de M. Camille Benoit. . . . . . .   1 vol.
MUSICIENS, POETES ET PHILOSOPHES. Traduction de
Camille Benoit. . . . .   1 vol.

WALLON (Jean)
LE CLERGÉ DE QUATRE-VINGT-NEUF. . . . . .   1 vol.
EMMANUEL ou **LA DISCIPLINE DE L'ESPRIT**, discours
philosophique. . . . .   1 vol.
JÉSUS ET LES JÉSUITES. . . . .   1 vol.
UN COLLEGE DE JESUITES. . . . .   1 vol.

WEISS (J.-J.)

AU PAYS DU RHIN (4ᵉ mille). . . . .   1 vol.
COMBAT CONSTITUTIONNEL . . . .   1 vol.

WILDER (Victor)

MOZART. L'homme et l'artiste. . . . .   1 vol.
BEETHOVEN. Sa vie et son œuvre. Édition ornée du Portrait de
    Beethoven, d'après une miniature du peintre Horneman, en
    1802 (2ᵉ mille). . . . .   1 vol.
        (Voir page 52.)

XÉNOPHON

ŒUVRES COMPLÈTES, traductions Dacier, Lévesque, Gail, etc.,
    Revues et corrigées par M. Émile Pessonneaux. . . . .   2 vol.

ZOLA (Émile)

LES ROUGON-MACQUART. — Histoire naturelle et sociale d'une famille
                sous le second Empire :

LA FORTUNE DES ROUGON (33ᵉ mille). . . . . . .   1 vol.
LA CURÉE (43ᵉ mille).   1 vol.
LE VENTRE DE PARIS (40ᵉ mille). . . . .   1 vol.
LA CONQUÊTE DE PLASSANS (33ᵉ mille). . . . . .   1 vol.
LA FAUTE DE L'ABBÉ MOURET (49ᵉ mille). . . .   1 vol.
SON EXCELLENCE EUGÈNE ROUGON (32ᵉ mille).   1 vol.
L'ASSOMMOIR (139ᵉ mille). . . . .   1 vol.
UNE PAGE D'AMOUR (88ᵉ mille). . . . .   1 vol.
NANA (182ᵉ mille). . . . .   1 vol.
POT-BOUILLE (88ᵉ mille). . . . .   1 vol.
AU BONHEUR DES DAMES (68ᵉ mille). . . . .   1 vol.
LA JOIE DE VIVRE (51ᵉ mille). . . . .   1 vol.
GERMINAL (105ᵉ mille) . . . .   1 vol.
L'ŒUVRE (19ᵉ mille). . . . .   1 vol.
LA TERRE (123ᵉ mille). . . . .   1 vol.
LE RÊVE (105ᵉ mille) . . . .   1 vol.
LA BÊTE HUMAINE (94ᵉ mille). . . . .   1 vol.
L'ARGENT (86ᵉ mille).   1 vol.
LA DÉBACLE (196ᵉ mille). . . . .   1 vol.
LE DOCTEUR PASCAL (88ᵉ) . . . .   1 vol.

                LES TROIS VILLES :

LOURDES (149ᵉ mille). . . . .   1 vol.
ROME (100ᵉ mille). . . . .   1 vol.
PARIS (88ᵉ mille). . . . .   1 vol.

————

LE CAPITAINE BURLE (nouvelle édition) . . . .   1 vol.
NAIS MICOULIN (nouvelle édition). . . . .   1 vol.
LES MYSTÈRES DE MARSEILLE (Nouvelle édition).   1 vol.
LE VŒU D'UNE MORTE (Nouvelle édition). . . . . . .   1 vol.
THÉRÈSE RAQUIN (Nouvelle édition) . . . .   1 vol.
    (Voir *Petite Bibliothèque-Charpentier*, page 44.)
MADELEINE FÉRAT (Nouvelle édition). . . . .   1 vol.
LA CONFESSION DE CLAUDE (Nouvelle édition). . .   1 vol.
CONTES A NINON (A Ninon. — Simplice. — Le Carnet de danse. —
    Celle qui m'aime. — La fée amoureuse. — Le sang. — Les voleurs
    et l'âne. — Sœur-des-pauvres. — Aventures du grand Sidoine et du petit
    Médéric) (Nouvelle édition). . . . .   1 vol.
    (Voir *Petite Bibliothèque-Charpentier*, page 44.)
NOUVEAUX CONTES A NINON (Un bain. — Les fraises. — Le
    grand Michu. — Les épaules de la Marquise. — Mon voisin Jacques. —
    Le Paradis des Chats. — Lili. — Le Forgeron. — Le Petit Village. —
    Souvenirs. — Les quatre journées de Jean Gourdon) (Nouv. édit.).   1 vol.
    (Voir *Petite Bibliothèque-Charpentier*, page 44.)
THÉATRE (Thérèse Raquin. — Les héritiers Rabourdin. — Le Bouton
    de Rose.) (3ᵉ mille) . . . .   1 vol.
MES HAINES (Nouvelle édition) . . . .   1 vol.
LE ROMAN EXPÉRIMENTAL (7ᵉ mille). . . . .   1 vol.
LE NATURALISME AU THÉATRE. — Les théories et les
    exemples. . . . .   1 vol.

NOS AUTEURS DRAMATIQUES . . . . 1 vol.
LES ROMANCIERS NATURALISTES . . . . 1 vol.
DOCUMENTS LITTÉRAIRES (nouvelle édition). . . . 1 vol.
UNE CAMPAGNE (1880-1881) (4e mille). . . . . . . 1 vol.
NOUVELLE CAMPAGNE (1896) — 7e mille. . . . . . . 1 vol.

En collaboration avec GUY DE MAUPASSANT, J.-K. HUYSMANS, CÉARD, LÉON
  HENNIQUE, PAUL ALEXIS :
LES SOIRÉES DE MÉDAN (Voir pages 47, 52.) . . . . . 1 vol.

VOLUMES IN-18 ILLUSTRÉS A 3 FR. 50
DAUDET (ALPHONSE)
FROMONT JEUNE ET RISLER AÎNÉ. Illustrations de George
  Roux gravées par Baud et Hamel. . . . . 1 vol.
FABRE (FERDINAND)
SYLVIANE, avec nombreuses illustrations de Georges Roux,
  gravées par Baud et Hamel. . . . . 1 vol.
J. L. FORAIN
LA COMÉDIE PARISIENNE, 250 dessins, couverture
  tirée en couleur (13e mille). (Voir page 47.) . . . . 1 vol.
CONTI (HENRI)
GUIGNOL avec illustrations de A Minartz. . . . . 1 vol.
E. GÉGOUT et CH. MALATO
PRISON FIN DE SIECLE. — Souvenirs de Pélagie. —
  Illustrations de Steinlen. Couverture tirée en couleur. . . . . . 1 vol.
GONCOURT (ED. DE)
LES FRÈRES ZEMGANNO, illustré de nombreux des-
  sins de Apelès Mestres ; couverture tirée en couleur. . . . . . 1 vol.
EDMOND ET JULES DE GONCOURT
L'ITALIE D'HIER. Notes de voyages 1855-1856 . . . . 1 vol.
JOHN GRAND-CARTERET
HISTOIRE DE L'AUTOMOBILISME . . . . 1 vol.
H.-C. IBELS.
DEMI-CABOTS. Le Café-Concert. — Le Cirque, — Les Fo-
  rains, textes de Georges d'Esparbès, André Ibels, Maurice Le-
  fèvre, Georges Montorgueil. . . . . 1 vol.
JULLIEN (ADOLPHE)
LE ROMANTISME ET L'ÉDITEUR RENDUEL. Relations
  et souvenirs sur les écrivains de l'École romantique, avec lettres inédites
  adressées par eux à RENDUEL. Ouvrage orné de cinquante illustrations,
  portraits, vignettes, caricatures, autographes. etc. (Voir p. 19.) 1 vol.
QUATRELLES
A COUPS DE FUSIL, avec 30 planches hors texte de
  A. de Neuville, tirées en quatre tons. (Voir page 46.). . . . . . 1 vol.
SILVESTRE (ARMAND)
LA RUSSIE. Impressions, portraits, paysages. Illustrations
  de Henri Lanos. . . . . 1 vol.
TOMEL (GUY)
LE BAS DU PAVÉ PARISIEN. . . . . 1 vol.
PETITS MÉTIERS PARISIENS. . . . . 1 vol.
GUILLAUME LIVET
L'AMOUR FORCÉ, avec illustrations de Tiret Bognet. . . 1 vol.

COLLECTION POLYCHROME
**UN SIÈCLE DE MODES FÉMININES 1794-
  1894**. Quatre cents toilettes reproduites en couleurs d'après
  des documents authentiques. . . . . 1 vol.
LES GRAVURES AU XVIIIe SIÈCLE. Boucher,
  Watteau, Fragonard. Lawreince, Debucourt, etc. . . . . 1 vol.
THÉOPHILE GAUTIER
ÉMAUX ET CAMÉES, orné de 110 aquarelles par
  Henri Caruchet. . . . . 1 vol.

GYP

LES GENS CHICS. . . . . 1 vol.

DAUDET (Alphonse)

LE TRÉSOR D'ARLATAN, avec de nombreuses
aquarelles de Laurent-Desrousseaux. . . . . 1 vol.

ARISTOPHANE

LYSISTRATA, traduction nouvelle par Ch. Zévort, édition
ornée de 107 gravures en couleur par Notor, d'après des documents authentiques des musées d'Europe. . . . . 1 vol.

Collection Parisienne illustrée, à 2 fr. le volume

DAUDET (Mme Alphonse)

NOTES SUR LONDRES (mai 1895) illust. de H. Lanos. . 1 vol.

VAUCAIRE (Maurice)

CHIPETTE ou la DAME FRIVOLE illust. de F. Bac. 1 vol.

LORRAIN (Jean)

AMES D'AUTOMNE, illustrations de Heidbrinck . . . . . 1 vol.

BRISSON (Adolphe)

UN COIN DU PARNASSE, illustrations de F. Fau . . . 1 vol.

PETITE BIBLIOTHÈQUE-CHARPENTIER

FORMAT PETIT IN-32 DE POCHE

A quatre francs le volume

Chaque volume orné de deux ou plusieurs eaux-fortes par les principaux artistes.
Reliure pleine, veau grenat, poli, tranches dorées. . . . . . 8 »
— 1/2 cuir de Russie, coins, tête dorée. . . . . 7 »
— 1/2 veau, tranches dorées. 6 50

ABOUT (Ed.)

TOLLA, avec 2 dessins de Uberti. 1 vol.

ARÈNE (Paul)

CONTES CHOISIS avec 2 compositions de Maurice Eliot, gravées
à l'eau-forte par F. Desmoulins. . . . . 1 vol.

CHÉNIER (André)

POÉSIES, av. 2 eaux-fes de Champollion, d'après des originaux du temps. 1 vol.

DAUDET (Alphonse)

CONTES CHOISIS, avec deux eaux-fortes d'Edmond Morin . . . . 1 vol.

FABRE (Ferdinand)

L'ABBÉ TIGRANE, avec 2 dess. de J.-P. Laurens, grav. par Courtry. 1 vol.
JULIEN SAVIGNAC, avec 2 dess. de J.-P. Laurens, grav. par Courtry. 1 vol.
LE CHEVRIER, avec 2 dess. de J.-P. Laurens, g. par Champollion. 1 vol.

FLAMMARION (Camille)

LA PLURALITÉ DES MONDES, avec 2 eaux-fortes de P. Fouché. 1 vol.

GAUTIER (Th.)

MADEMOISELLE DE MAUPIN, avec 4 dessins de Giraud,
gravés par Champollion . . . . 2 vol.
FORTUNIO, avec 2 dessins originaux de Th. Gautier. . . . . 1 vol.
JEUNES-FRANCE, avec 5 dessins de Th. Gauthier . . . . 1 vol.
MADEMOISELLE DAFNÉ, avec 2 eaux-fortes de Jeanniot . . . . 1 vol.
ÉMAUX ET CAMÉES, avec 2 dessins et un portrait de l'auteur
gravés à l'eau-forte d'après les aquarelles de Mme la princesse Mathilde 1 vol.
LE ROMAN DE LA MOMIE, avec 2 dessins de Lecomte-du-
Nouy, gravés à l'eau-forte par Jasinski. . . . . 1 vol.

GOETHE

WERTHER traduction Pierre Leroux, avec 2 dessins de Delbos. . . . 1 vol.

GONCOURT (Edmond et Jules)

RENÉE MAUPERIN, avec 2 eaux-fortes d'Ed. Morin. . . . . 1 vol.
MADAME GERVAISAIS, avec 2 dessins de Desmoulin, gravés
à l'eau-forte par Manesse . . . . 1 vol.

HORACE

ODES, traduction Patin, avec 2 dessins de Meunier . . . . 1 vol.

HUGO (Victor)

LES ORIENTALES — LES FEUILLES D'AUTOMNE, avec
2 dess. de Benjamin Constant, grav. à l'eau-forte, par Desmoulin. . . 1 vol.
ODES, avec 2 dess. de G. Rochegrosse, gr. à l'eau-forte par Jasinski. . 1 vol.
BALLADES. — LES RAYONS ET LES OMBRES, avec
2 dess. de Jules Garnier, gravés à l'eau-forte par F. Desmoulin. . . . . 1 vol.
LES CHANSONS DES RUES & DES BOIS, avec 2 dessins
de Maurice Eliot, gravés à l'eau-forte par Deblois. . . . . 1 vol.
LES CHATIMENTS, avec 2 dessins de Paul Robert, gravés à
l'eau-forte par F. Desmoulin. . . . . 1 vol.
**LES CHANTS DU CRÉPUSCULE. — LES VOIX INTÉ-
RIEURES**, avec 2 dessins de H. Laurent-Desrousseaux, gravés à
l'eau-forte, par L. Muller. . . . . 1 vol.
LES CONTEMPLATIONS, avec 4 dessins de H. Montégut, gravés
à l'eau-forte, par A. Massé . . . . 2 vol.
LA LÉGENDE DES SIÈCLES (t. I), av. 2 eaux-fortes de Jeanniot. 1 vol.
— Tome II, av. 2 dess. de Maurice Éliot, grav. à l'eau-f^{te}, p. Desmoulin 1 vol.
— Tome III, av. 2 dess. de Laurent-Desrousseaux, grav. à l'eau-forte 1 vol.
— Tome IV, avec 2 dessins de Roux, gravés à l'eau-forte . . . . 1 vol.

GIACOMO LEOPARDI

POÉSIES, trad. de Eug. Carré, avec eaux-fortes de F. Desmoulin. . . 1 vol.

MALOT (Hector)

UNE BONNE AFFAIRE, avec 2 dessins de Desmoulin, gravés à
l'eau-forte par Faivre. . . . . 1 vol.

MAUPASSANT (Guy de)

CONTES ET NOUVELLES, avec 2 dessins de Jeanniot, gravés
à l'eau-forte, par Massé. . . . . 1 vol.

MENDÈS (Catulle)

CONTES CHOISIS, avec 2 eaux-fortes de G. Fraipont . . . . 1 vol.

MICHELET (J.)

LA MONTAGNE, avec 2 dessins de Massé, gravés à l'eau-forte . . . . 1 vol.
L'AMOUR, av. 2 dess. de M. Eliot, grav. à l'eau-forte, par F. Oudart 1 vol.
LA FEMME, avec 2 eaux-fortes de Paul Avril. . . . . 1 vol.

MIRBEAU (Octave)

CONTES DE LA CHAUMIÈRE, avec 2 eaux-fortes de Raffaëlli. 1 vol.

MUSSET (Alfred de)

PREMIÈRES POÉSIES, avec un portrait de l'auteur gravé à l'eau-forte
par M. Waltner, d'après le médaillon de David d'Angers, et une eau-forte
d'après Bida, par M. Lalauze . . . . 1 vol.
POESIES NOUVELLES, avec un portrait de l'auteur, réduction de l'eau-
forte de Léopold Flameng, d'après le tableau de Landelle, et une eau-forte de
Lalauze, d'après Bida . . . . 1 vol.
LA CONFESSION D'UN ENFANT DU SIÈCLE, avec un portrait de
l'auteur dessiné à la sanguine par Eugène Lami, fac-simile par Legenisel, et
une eau-forte d'après Bida, par Lalauze. . . . . 1 vol.
COMÉDIES ET PROVERBES, tome Ier, avec un portrait de l'auteur,
gravé par Alphonse Leroy, d'après la lithographie de Gavarni, et une eau-
forte de Lalauze. d'après Bida . . . . 1 vol.
— Tome II, avec un portrait de l'auteur gravé par Alph. Lamothe, d'après le
buste de Mezzara, et une eau-forte de Lalauze, d'après Bida. . . . . . 1 vol.
— Tome III, avec un portrait de l'auteur gravé par Monziès, copie d'une
photographie d'après nature, une eau-forte de Abot représentant le tombeau
d'Alfred de Musset, et une eau-forte de Lalauze, d'après Bida. . . . . 1 vol.
CONTES ET NOUVELLES, avec un portrait de l'auteur, gravé par
Waltner, d'après une aquarelle faite spécialement pour ce volume par
Eugène Lami, et 2 eaux-fortes de Lalauze, d'après Bida. . . . . 1 vol.

MUSSET (Paul de)

LUI ET ELLE, avec 2 dess. de G. Rochegrosse, grav. par Champollion. 1 vol.

NODIER (Charles)

L'ÉCRIN D'UN CONTEUR, avec 2 dessins de Ferdinandus, gravés
à l'eau-forte par F. Massé . . . . 1 vol.

PRÉVOST (l'abbé)

**HISTOIRE DE MANON LESCAUT ET DU CHEVALIER DES
GRIEUX**, avec 2 eaux-fortes de Le Nain. . . . . 1 vol.

RETZ (CARDINAL DE)
PENSÉES, avec introduction par le docteur Letourneau, avec 2 eaux-fortes de F. Desmoulin. . . . . 1 vol.
RICHEPIN (JEAN)
LES CARESSES, avec 2 dessins de Maurice Eliot, gravés à l'eau-forte par F. Desmoulin. . . . . 1 vol.
— **LA MER,** avec deux compositions de Henri Caruchet, gravés à l'eau-forte par Mordant. . . . . 1 vol.
ROD (ÉDOUARD)
VIE PRIVÉE DE MICHEL TEISSIER, avec 2 eaux-fortes de F. Desmoulin. . . . . 1 vol.
SAINT-GERMAIN (J.-T. DE)
(TARDIEU)
POUR UNE EPINGLE, avec 2 dessins de G. Alaux, gravés à l'eau-forte par Manesse . . . . 1 vol.
SANDEAU (JULES)
LE DOCTEUR HERBEAU, avec 2 dessins de Bastien-Lepage, gravés par Champollion. . . . . 1 vol.
MADEMOISELLE DE LA SEIGLIÈRE, avec 2 dess. de Leloir. 1 vol.
LA CHASSE AU ROMAN, avec 2 dessins de Nielsenn . . . . 1 vol.
SILVIO PELLICO
MES PRISONS, trad. LATOUR, avec 2 eaux-fortes de Charpentier. 1 vol.
THEURIET (A.)
RAYMONDE, avec 2 dessins de Delbos. . . . . 1 vol.
CONTES DE LA FORÊT, avec 2 dess. de Reichan, gravés à l'eau-forte, par Jasinski. . . . . 1 vol.
VIGNY (ALFRED DE)
CINQ-MARS, avec 4 dessins de Jeanniot. . . . . 2 vol.
SERVITUDE ET GRANDEUR MILITAIRES, avec 2 dessins de Jeanniot. . . . . 1 vol.
THEATRE, avec 4 dessins de Jeanniot . . . . 2 vol.
POÉSIES COMPLÈTES, avec un portrait de l'auteur d'après David d'Angers, gravés par Lançon et un dessin de Jeanniot . . . . 1 vol.
STELLO, avec 2 dessins de Jeanniot. . . . . 1 vol.
VIRGILE
LES BUCOLIQUES ET LES GEORGIQUES, avec 2 eaux-fortes de F. Massé. . . . . 1 vol.
ZOLA
CONTES A NINON, avec 2 dessins de Jeanniot . . . . 1 vol.
NOUVEAUX CONTES A NINON, avec 2 dessins de F. Fau, gravés à l'eau-forte par F. Massé. . . . . 1 vol.
THÉRÈSE RAQUIN, av. 2 dess. de G. Alaux, grav. à l'eau-f^{te} p. Manesse. 1 vol.

LA NOUVELLE COLLECTION A 2 fr. 50 LE VOL.

Richement relié en étoffe Pompadour à 4 francs le volume.

FERDINAND FABRE
L'ABBÉ ROITELET, avec deux dessins de J.-P. Laurens. 1 vol.
FERNAND CALMETTES
SŒUR AINÉE, avec un dessin de l'auteur . . . . 1 vol.
ANDRÉ THEURIET
LE BRACELET DE TURQUOISE, avec un dessin de Reichan . . . . 1 vol.
LUCIEN BIART
LE BIZCO, avec un dessin de Poirson . . . . 1 vol.
EDOUARD LABOULAYE
CONTES CHOISIS, avec un dessin de Laurent Desrousseaux. 1 vol.
Mme STANISLAS MEUNIER
LES FIANÇAILLES DE THÉRÈSE, avec un dessin de Haumont. . . . . 1 vol.

Série d'Ouvrages à 1 fr. 25 le volume

BARBOU (Alfred)

VICTOR HUGO ET SON TEMPS. 1 vol. in-8° colombier orné de nombreux dessins gravés par Méaulle. Prix broché, 6 fr. Cart., 10 fr.

DAUDET (Alphonse)

ŒUVRES COMPLÈTES, format in-8 cavalier.
Chaque ouvrage est précédé de l'histoire du livre écrite par l'auteur.

FROMONT JEUNE ET RISLER AINÉ, avec deux dessins par Dagnan-Bouveret. . . . . 1 vol.

JACK. Histoire d'un ouvrier, suivie de *Robert Helmont.* Illustrat. de Ch. Delort et Jeanniot. . . . . 2 vol.

LE PETIT CHOSE. Hist. d'un enfant, illust. d'Adr. Marie.   1 vol.

TARTARIN DE TARASCON, suivi des *Lettres de mon moulin,* illust. de Jeanniot et de Burnand . . . . 1 vol.

LES ROIS EN EXIL, illustrations de Marty . . . . 1 vol.

LE NABAB, illustrations de G. Alaux. . . . . 1 vol.

NUMA ROUMESTAN, illustration de L. Montégut . . . . . . .1 vol.

Prix de chaque volume broché. . . . . 8 fr.

FORAIN (J.-L.)

LES TEMPS DIFFICILES. 1 vol. in-8°. 30 dessins, couverture coloriée. . . . . 1 fr.

GAUTIER (Th.)

LE CAPITAINE FRACASSE. Un volume grand in-8 illustré de 60 dessins hors texte, par Gustave Doré, grav. sur bois. Broché.   15 fr.
Relié demi-chagrin, tranches dorées. . . . . 20 fr.
—   tête dorée, coins, tranches ébarbées. . . . . 22 fr.

GONCOURT (Edmond et Jules de)

RENÉE MAUPERIN. Édition ornée de 10 eaux-fortes par James Tissot. Un beau vol. in-8° sur Hollande (exempl. numérotés).   50 fr.

L'AMOUR AU XVIII° SIÈCLE. Un beau vol. in-8°. . .   5 fr.

GOURDON (Maurice)

A TRAVERS L'ARAN (Itinéraires d'un touriste). 1 vol. in-16, illustré de nombreux dessins et accompagné d'une carte. Broché.   3 fr.

GRAND-CARTERET (John)

MUSÉE PITTORESQUE DU VOYAGE DU TZAR. Images. — Bibelots. — Caricatures. — Chansons, etc. Un volume grand in-18 Jésus. . . . . 2 fr. 50

MOLIÈRE

ŒUVRES COMPLÈTES. — Édition variorum, par Ch. Louandre, collationnée sur les meilleurs textes, précédée d'un précis de l'histoire du théâtre en France, etc., etc. Cette edition, ornée de 32 dessins de Moreau jeune et du portrait de Molière d'après Coypel, gravés en taille-douce, forme 3 forts volumes in-18 jésus. . . . . 15 fr.

VALLÈS (Jules)

LA RUE A LONDRES, 1 vol. in-4 colombier, illustré de nombreux dessins et de 23 eaux-fortes de Lançon. Tirage à 500 exemplaires. Prix. . . . . 100 fr.
Il a été tiré 50 exemplaires sur Japon et 50 exemplaires sur Whatman avec doubles épreuves avant la lettre. Prix. . . . . 200 fr.

Emile ZOLA, Guy de MAUPASSANT, J. K. HUYSMANS, CÉARD, Léon HENNIQUE, Paul ALEXIS

LES SOIRÉES DE MÉDAN, 1 vol. in-8, illustré de 6 compositions de Jeanniot, gravées à l'eau-forte par Muller, et des portraits des six auteurs, eaux-fortes de Desmoulin. Prix . . . . 20 fr.

ZOLA (Émile)

LA CURÉE. (Illustration de G. Jeanniot). 1 vol. in-8°. . . . . . 10 fr.

LOURDES. (Illustration p. Henri Lanos). 1 vol. in-8°, ill. en coul.   8 fr.

LA TERRE (Illustration de G. Ibels) 1 vol. in-18 jésus . . . . . 12 fr.

OUVRAGES DIVERS

AICARD (Jean)

MIETTE ET NORÉ. Un volume in-8, papier de Hollande, tirage à 220 exemplaires, dont 150 ont été souscrits nominativement. . .   15 fr.

BARROT (Odilon)

MÉMOIRES POSTHUMES. 4 vol. in-8 cav. vélin. Prix.   30 fr.

BECQ DE FOUQUIÈRES

TRAITÉ GÉNÉRAL DE VERSIFICATION FRANÇAISE. Un vol. in-8 carré. Prix . . . . 7 fr. 50

BETTENFELD (Michel)

L'ART DE L'ESCRIME. 1 vol. in-18 jésus. . . . .   5 fr.

BOUILHET (Louis)

DERNIÈRES CHANSONS. — Poésies posthumes, avec un *Portrait de l'auteur* gravé par M. Léopold Flameng, et une préface par GustAVE FLAUBERT. — Deuxième édition. 1 vol. in-8 cavalier. . .   6 fr.

CHÉNIER (André)

POÉSIES. Édition critique (Étude sur la vie et les œuvres d'André Chénier, Bibliographie dés œuvres posthumes. Aperçu sur les œuvres inédites. Variantes, notes, commentaires, index) par L. BECQ DE FouQUIÈRES, 2e édition revue et corrigée, ornée d'un portrait d'André Chénier avec signature en fac-similé. 1 vol. gr. in-18 jés. de 600 pages. Prix. . . . . 5 fr.

GÉNÉRAL CANONGE (Frédéric)

ATLAS D'HISTOIRE MILITAIRE CONTEMPORAINE, contenant 45 planches, cartes ou croquis. . . . . 30 fr.

DUBOIS-CRANCÉ

ANALYSE DE LA RÉVOLUTION FRANÇAISE depuis l'ouverture des États généraux jusqu'au 6 brumaire an IV de la République, époque du rétablissement du gouvernement constitutionnel. Un vol. in-8. Prix. . . . . 7 fr. 50

EUDEL (Paul)

LA VENTE HAMILTON, avec 27 dessins hors texte, un vol. in-8 tiré à 500. Prix. . . . . 7 fr. 50
L'HOTEL DROUOT EN 1881, préface par J. CLARETIE.   1 vol.
L'HOTEL DROUOT ET LA CURIOSITE EN 1882, préface par A. SILVESTRE. . . . . 1 vol.
L'HOTEL DROUOT ET LA CURIOSITE EN 1883, préface par Ch. MONSELET. . . . . 1 vol.
L'HOTEL DROUOT ET LA CURIOSITE EN 1883-1884, avec préface par CHAMPFLEURY. . . . . 1 vol.
L'HOTEL DROUOT ET LA CURIOSITE EN 1884-1885, avec préface par PHILIPPE BURTY, avec un portrait de l'auteur par WORMS et de nombreuses illustrations. . . . . 1 vol.
L'HOTEL DROUOT ET LA CURIOSITE EN 1885-1886, avec préface, par Émile BERGERAT, et des dessins par Job et Comba. . . . . 1 vol.
L'HOTEL DROUOT ET LA CURIOSITE EN 1886-1887, avec préface par OCTAVE UZANNE. . . . . 1 vol.
L'HOTEL DROUOT ET LA CURIOSITE EN 1887-88, avec préface par Ed. BONAFFÉ. . . . . 1 vol.
TABLE des noms cités dans les 8 volumes. . . . . 1 vol.
Chaque volume se vend séparément. Prix : 5 fr.

FIAUX (Louis)

HISTOIRE DE LA GUERRE CIVILE DE 1871. Un volume in-8. Prix. . . . . 7 fr. 50

GAMBETTA (Léon)

DISCOURS ET PLAIDOYERS POLITIQUES, publiés par M. Joseph REINACH. — L'ouvrage forme onze volumes in-8. Prix de chaque volume. 7 fr. 50

DÉPÊCHES, CIRCULAIRES, DÉCRETS, PROCLAMA-TIONS, publiés par Joseph Reinach. — L'ouvrage forme 2 volumes in-8°. Prix de chaque volume. . . . . 7 fr. 50

HUBBARD (Gustave)

HISTOIRE CONTEMPORAINE DE L'ESPAGNE (1814 A 1845). 6 vol. in-8. Prix. . . . . 45 fr.

GÉNÉRAL TH. IUNG

MÉMOIRES DE LUCIEN BONAPARTE. 3 vol. in-8. Chaque volume se vend séparément. Prix. . . . . 7 fr. 50

L'ARMÉE ET LA RÉVOLUTION. Dubois-Crancé mousquetaire, constituant, conventionnel, général de division, ministre de la guerre. 2 vol. in-8. Prix. . . . . 15 fr.

KAGENECK (Baron de)

LETTRES AU BARON ALSTROMER. 1 volume in-8. Prix. . . . . 7 fr. 50

LOVENJOUL (Vicomte de Spœlberch de)

HISTOIRE DES ŒUVRES DE THEOPHILE GAUTIER, Edition à 500 exemplaires numérotés. Deux volumes. N° 1 à 50 sur papier du Japon. 100 fr. — N° 51 à 100, pap. Whatman, 75 fr. —N° 101 à 500, sur papier de Hollande, 50 fr.

MACÉ (Jean)

LES ORIGINES DE LA LIGUE DE L'ENSEIGNEMENT (1861-1870). Prix . . . . 5 fr.

MICHAUD

LOUIS XIV ET INNOCENT XI. 4 vol. in-8. Chaq. vol. 7 fr. 50

MOUTON (Eugène)

ZOOLOGIE MORALE. 2 vol. in-12 carré. Chaque vol. . . 5 fr.

MURO (Gaspar)

LA PRINCESSE D'EBOLI, trad. A. Weil. 1 vol. in-8 cav. 6 fr.

POPELIN

HISTOIRE D'AVANT-HIER. 1 vol. in-8°. Broché. . . 25 fr.

UN LIVRET DE SONNETS. 1 vol. in-8° . . . . . . 25 fr.

RICHEPIN (Jean)

MES PARADIS.

Edition in-4° carré sur vélin, ornée d'un portrait de l'auteur, gravé par F. Desmoulin . . . . 20 fr.

— — sur hollande, avec 2 états du portr. de l'auteur. 40 fr.

— — sur whatman, avec 2 états du portr. de l'auteur gravé par F. Desmoulin. . . . . 50 fr.

— — sur japon, avec 2 états du portr. de l'auteur, gravé par F. Desmoulin, dédicacé par l'auteur. . 80 fr.

SOURY (Jules)

BRÉVIAIRE DE L'HISTOIRE DU MATÉRIALISME. 1 vol. in-18. Prix. . . . . 3 fr.

VAUCAIRE (Dr René)

CARNET MÉDICAL. . . . . 1 vol.

VITROLLES (Baron de)

MÉMOIRES ET RELATIONS POLITIQUES, publiés par E. Forgues. 3 vol. in-8. Prix de chaque volume. . . . . . . 7 fr. 50

VITROLLES (Baron de) et LAMENNAIS

CORRESPONDANCE ENTRE LE BARON DE VI-TROLLES ET LAMENNAIS, pub. par E. Forgues. Prix. 7 50

WALDECK-ROUSSEAU

DISCOURS, avec une introduction et des notes, par M. Ch. Lecouflet. 1 vol. in-8°. Prix. 7 50

PIÈCES DE THÉATRE

AICARD (Jean). **OTHELLO** ou **LE MORE DE VENISE**, drame en 5 actes et en vers. . . . . 4 fr.

AJALBERT (Jean). **LA FILLE ÉLISA**. Pièce en 3 actes. . . . . 2 fr.

ALEXIS (Paul). **CELLE QU'ON N'ÉPOUSE PAS.** Comédie en un acte en prose . . . . 1 fr.

— **LA FIN DE LUCIE PELLEGRIN.** 1 acte. . . . . 1 fr.

ALEXIS (Paul) et METENIER (Oscar). **MONSIEUR BETSY**, Comédie en trois actes en prose. . . . . 2 fr. 50

— **CHARLES DEMAILLY.** Pièces en 5 actes, tirée du roman d'Edmond de Goncourt. . . . . 2 fr. 50

— **LES FRERES ZEMGANNO.** Comédie en trois actes en prose, tirée du roman de Edmond de Goncourt . . . . 2 fr. 50

ARENE (Paul) et DAUDET (Alphonse). **LE CHAR.** Opéra-comique en un acte. Grand in-18. . . . . 1 fr.

ARNAULT (Auguste). **LE DANGER.** Comédie en trois actes. 2 fr.

BANVILLE (Th. de). **RIQUET A LA HOUPPE.** Comédie féerique. 2 fr. 50

— **LE BAISER.** Comédie en 1 acte avec dessin de G. Rochegrosse. . . . . 1 fr. 50

— **ESOPE.** Com. en 3 actes av. un dessin de Georges Rochegrosse. 2 fr.

BARRÈS (Maurice). **UNE JOURNÉE PARLEMENTAIRE.** Comédie de mœurs en 3 actes. 1 brochure in-8. . . . . 2 fr.

BARRUCAND (Victor) **POUR LE ROI,** drame . . . . 1 fr.

BERGERAT. **LE CAPITAINE FRACASSE.** Comédie héroïque en 5 actes et un prologue en vers. . . . . 2 fr. 50

BUSNACH (W.) ET ARNOULD (Arthur). **ZOÉ CHIEN-CHIEN.** Drame en 8 tableaux. Prix. 2 fr. 50

BUSNACH (W.) ET GASTINEAU. **L'ASSOMMOIR.** Drame en cinq actes et 9 tableaux, tiré du roman et avec une préface d'E. Zola, et un dessin de G. Clairin. . . . . 2 fr. 50

CÉARD (Henry). **LES RÉSIGNÉS.** Pièce en 3 actes. . . . 2 fr. 50

— **TOUT POUR L'HONNEUR.** Drame en 1 acte . . . . . 1 fr. 50

CLERC (Georges). **MACBETH.** Drame en 5 actes en vers, traduit de William Shakspeare . . . . 2 fr.

COURTELINE (Georges). **BOUBOUROCHE.** Pièce en 2 actes en prose . . . . 1 fr.

— **LA PEUR DES COUPS.** Saynète en un acte, illustrations de Fernand Fau. . . . . 1 fr.

— **LE DROIT AUX ETRENNES,** vaudeville en 1 acte. 1 fr.

DARC. **FOLIE DE VALENTINE.** 1 acte. . . . . 1 fr. 50

A. DAUDET ET P. ELZÉAR. **LE NABAB.** Pièce en 7 tableaux. 2 fr. 50

A. DAUDET et A. BELOT. **SAPHO.** Pièce en 5 actes . . . . . 4 fr.

DESTREM. **L'HEUREUX NAUFRAGE,** d'après « Rudens » de Plaute, pièce en 3 actes. 1 fr. 50

GAILHARD ET GHEUSI. **GUERNICA.** Drame lyrique en 3 actes. 1 fr.

GASSIER (Alfred), **ALCESTE.** Drame lyrique en 5 actes, en vers, d'après Euripide. . . . . 2 fr. 50

GAUTIER (Judith). **LA MARCHANDE DE SOURIRES.** Drame japonais en 5 actes. . . . . 2 fr.

GINISTY (Paul) et SAMSON (Ch.). **LOUIS XVII.** Enigme historique en 1 acte, en prose. Edition ornée de nombreux fac-similés d'après des documents authentiques . . . . 4 fr.

GOLDSCHMIDT (Adalbert von). **GHEA.** Poème dramatique mis en français par Catulle Mendès. Une brochure in-8°. . . . . . . 4 fr.

GONCOURT (Edmond de). **A BAS LE PROGRES.** Bouffonnerie satyrique en 1 acte. . . . . 1 fr.

— **MANETTE SALOMON,** pièce en 9 tableaux, précédée d'un prologue. Une brochure in-8°. . . . . 4 fr.

GONCOURT (Edmond et Jules de). **HENRIETTE MARÉCHAL.** Drame en trois actes, en prose . . . . 2 fr. 50

— **LA PATRIE EN DANGER.** Drame en trois actes. . . 2 fr. 50

— **GERMINIE LACERTEUX.** Pièce en dix tableaux . . 2 fr. 50

HARAUCOURT (Edm.). **SHYLOCK.** pièce en cinq actes, en vers 2 fr. 50

— **LA PASSION.** Mystère en 2 chants et 6 parties, en vers. 2 fr. 50

— **HERO ET LEANDRE.** Poème dramatique en 3 actes. 1 fr. 50
— **DON JUAN DE MAÑARA,** drame en 5 actes, en vers. 2 fr. 50
HAUPTMANN (G.) **LES TISSERANDS.** Drame en 5 actes en
  prose, traduction de M. Jean Thorel. . . . . 4 fr.
HENNIQUE (LÉON), **JACQUES DAMOUR,** pièce en 1 acte, tirée de
  la nouvelle d'Émile Zola. . . . . 1 fr.
— **DEUX PATRIES.** Drame en 5 tableaux dont un de prologue. 2 fr.
HEROLD (A. FERDINAND). **LES PERSES.** Tragédie d'Eschyle. 1 fr.
HERVILLY (E. D') ET GR_VIN. **LE BONHOMME MISERE.** Légende
  en 3 tableaux. Gr. in-18 . . . . 1 fr.
HERVILLY (E. D'). **LA FONTAINE DES BENI-MENAD.** Co-
  médie mauresque en un acte. . . . . 1 fr.
— **POQUELIN PERE ET FILS.** Com. en un acte, en vers. 1 fr.
JOURDAIN (FRANTZ). **LE GAGE,** comédie en un acte. . . . . . . 1 fr.
LAUNAY (A. DE). **LE SUPPLICE D'UNE MERE.** Comédie en quatre
  actes. Prix. . . . . 2 fr.
LEFÈVRE GEORGES) **LE FAUNE.** Pastorale en 1 acte en vers. 1 fr.
LIORAT (A.) ET ARNOULD (A.). **LA BELLE AUX CHEVEUX**
  D'OR. Drame en cinq actes et 6 tableaux . . . . 2 fr. 50
LORRAIN (JEAN). **YANTHIS.** Com. en 4 actes en vers. . . . . 2 fr.
MARSOLLEAU (LOUIS). **LE BANDEAU DE PSYCHE.** Comédie en
  un acte. . . . . 1 fr.
MENDÈS (CATULLE). **LA FEMME DE TABARIN**, tragi-
  parade en 1 acte . . . . 1 fr. 50
— **LE DOCTEUR BLANC.** Mimodrame fantastique, mu-
  sique de Gabriel Pierné. dessins de L. Métivet . . . . 5 fr.
MENDÈS (CATULLE) ET COURTELINE (GEORGES). **LES JOYEUSES**
  COMMERES DE PARIS, fantaisie en 5 actes. . . . . 2 fr.
MIRBEAU (OCTAVE). **LES MAUVAIS BERGERS.** Pièc. en 5 act. 2 fr.
— **L'EPIDEMIE.** Pièce en 1 acte. . . . . 1 fr.
MÉTÉNIER (OSCAR) et LORRAIN (JEAN). **TRES RUSSE.** Pièce en
  3 actes. . . . . 2 fr.
MONTÉGUT (M.). **LES NOCES NOIRES.** Drame en 2 actes. 1 fr. 50
MUSSET (ALFRED DE). **BETTINE.** Comédie en 1 acte . . . . . 1 fr.
— **LE CHANDELIER.** Comédie en 3 actes . . . . 1 fr. 50
NOEL (EDOUARD). **DEIDAMIE.** Opéra en 2 actes, musique de Henri
  MARÉCHAL . . . . 1 fr.
— **ATTENDEZ-MOI SOUS L'ORGUE.** Comédie en 1 acte en
  vers, illustration de Léon DUFOUR. . . . . 1 fr.
NOEL (EDOUARD) et PAT_ (LUCIEN). **PROLOGUE A BERENICE.**
  Comédie en un acte, en vers . . . . 1 fr.
PERRIN (JULES) et COUTURIER (CLAUDE). **LES FENETRES.** Pièce
  en 3 scènes, en prose. . . . . 1 fr.
PERRIN (JULES et COUTURIER (CLAUDE). **L'INQUIETUDE.**
  Pièce en 3 actes, en prose . . . . 1 fr. 50
QUILLARD (PIERRE) **PHILOCKTETES.** Tragédie de Sophocie. 1 fr.
RAYMOND (CHARLES). **DON CARLOS.** Drame en 5 actes et 11 tableaux,
  d'après Schiller. . . . . 2 fr. 50
RICHEPIN (JEAN). **PAR LE GLAIVE.** Edition in-8°. . . . . 4 fr.
—   **LA GLU.** Drame en 5 actes et 6 tableaux.
  Édition in-8° . . . . 4 fr.
—   —   Même édition in-12 . . . . 2 fr.
—   **NANA-SAHIB.** Drame en vers, en 7 tableaux.
—   —   Même édition in-12. 2 fr.
— **LE FLIBUSTIER.** Comédie en vers en 3 actes. Edit. in-12. 2 fr.
— **MONSIEUR SCAPIN.** Comédie en vers, en 3 actes. In-8°. 4 fr.
—   —   Même édition in-12. 2 fr.
— **LE MAGE.** Opéra en 5 actes et 6 tableaux. Musique de Massenet.
  Edition in-12. . . . . 1 fr.
— **VERS LA JOIE.** Conte bleu en 5 actes, en vers. Édit. in-8°. 4 fr.
— **LE CHEMINEAU,** drame en 5 actes, en vers. Edit. in-8°. 4 fr.
— **LA MARTYRE.** Drame en cinq actes, en vers,
  1re édit. format in-8°. . . . . 5 fr.
—   —   Edition format in-18. . . . . 3 fr. 50
— **LE CHIEN DE GARDE.** Drame en 5 actes. . . . . . .
RIVET (GUSTAVE). **LE CIMETIERE SAINT-JOSEPH.** 1 fr.
— **JUANA.** Comédie en un acte en vers . . . . 1 fr.

ROSTAND (EDMOND). **LES ROMANESQUES.** Comédie en 3 actes, en vers . . . . 2fr.
— **LA PRINCESSE LOINTAINE,** pièce en 4 actes, en vers.   2fr.
— **LA SAMARITAINE.** Evangile en 3 tableaux, en vers.   3 fr 50
— **CYRANO DE BERGERAC.** comédie en cinq actes, en vers (100e mille) . . . . 3 fr. 50
SAINT-LUTH. **SIVA.** drame lyrique en 2 actes, en vers . . . . . 1 fr.
SAMSON (CHARLES). **RICHELIEU,** drame en 5 actes et 9 tableaux d'après Bulwer Lytton. . . . . 2 fr.
SCHOLL (AURÉLIEN). **L'AMANT DE SA FEMME.** Comédie en 1 acte (2e édition) . . . . 1 fr.
SILVESTRE (ARMAND). **TRISTAN DE LEONOIS,** Drame en 3 actes et 7 tableaux, en vers. . . . . 4 fr.
THEURIET (ANDRÉ). **RAYMONDE,** pièce en 3 actes. . . . . 2 fr. 50
VAUCAIRE (M). **VALET DE CŒUR.** Com. en 3 actes en prose.   2 fr.
— **L'AMOUREUSE AMITIE.** Comédie en 1 acte en prose. .   1 fr.
— **LE POETE ET LE FINANCIER.** Comédie en 1 acte, en vers . . . . 1 fr.
— **LES GIROUETTES,** comédie en 2 actes, en prose . . . . .
WEBER (PIERRE) et MUHLFELD (LUCIEN). **DIX ANS APRES,** comédie en 1 acte, en prose. . . . . 1 fr.
WILDER (VICTOR). **ENGUERRANDE.** Drame lyrique en 4 actes.   2 fr.
ZOLA (É.). **THÉRÈSE RAQUIN.** Drame en 4 actes. Gr. in-18   2 fr.
— **LES HERITIERS RABOURDIN.** Comédie en trois actes, avec préface. Grand in-18 . . . . 2 fr.
— **RENÉE,** pièce en cinq actes avec préface . . . . 2 fr. 50
— **MESSIDOR.** Drame lyrique en 4 actes et 5 tableaux. . . . .   1 fr.
ZOLA (É.) et GALLET (LOUIS). **LE RÊVE.** Drame lyrique en 4 actes et 8 tableaux. . . . . 1 fr.
— **L'ATTAQUE DU MOULIN.** Drame lyrique en 4 actes .   1 fr.

BROCHURES

ASSE (EUGÈNE). **MADEMOISELLE DE LESPINASSE ET LA MARQUISE DU DEFFAND.** 1 brochure gr. in-18, pour servir de complément aux Lettres de Mademoiselle de Lespinasse.   2 fr.
BARRÈS (MAURICE). **TROIS STATIONS DE PSYCHOTHE-RAPIE.** 1 brochure in-32. . . . . 1 fr.
— **TOUTE LICENCE, SAUF CONTRE L'AMOUR.** 1 brochure in-32. . . . . 1 fr.
— **LE CULTE DU MOI.** Tirage spécial de la préface de Sous l'œil des Barbares. Une brochure in-18. . . . . 1 fr.
BERRY (GEORGES). **LES PETITS MARTYRS.** Préface par Jules Simon de l'Académie française, grand in-18. . . . . 1 fr.
GAUTIER FILS (TH.). **ENTRE BIARRITZ ET SAINT-SÉBAS-TIEN.** Toros et Espadas. Notes de touriste. In-16, br.   2 fr.
GÉNÉRAL TH. IUNG. **M. DE MOLTKE ET SES MÉMOIRES SUR LA CAMPAGNE DE 1870.** Br. gr. in-18 jésus.   1 fr.
MENDÈS (CATULLE). Petits poèmes russes mis en français. . . .   1 fr. 50
REINACH (JOSEPH). **LE MINISTERE CLEMENCEAU.** .   1 fr.
— **SCRUTIN DE LISTE** . . . .   1 fr.
— **GAMBETTA ORATEUR** . . . .   1 fr.
— **LES GRANDES MANŒUVRES DE L'EST.** Brochure in-18. . . . . 2 fr.
ROSTAND (EDMOND). **POUR LA GRÈCE,** poésie. . . . . .   1 fr.
J.-T. DE SAINT-GERMAIN (J. TARDIEU). **LA VEILLEUSE.** Une brochure grand in-18 jésus . . . . 2 fr.
SARDOU. **L'HEURE DU SPECTACLE.** Brochure in-18.   1 fr.
SILVESTRE (ARMAND). **POEMES D'AMOUR** sur les Tableaux vivants de Cyprien Godebski. . . . . 1 fr.
THEURIET (ANDRÉ). **JULES-BASTIEN LEPAGE, L'HOMME ET L'ARTISTE.** In-16 . . . . 2 fr.
ZOLA (Émile). **LA REPUBLIQUE ET LA LITTÉRATURE.** In-8 . . . . 1 fr.
DISCOURS prononcé au Banquet de l'association générale des Etudiants 0,50

CLASSIFICATION PAR GENRE D'OUVRAGES

N. B. — Les ouvrages marqués ① ont été publiés dans un format autre que celui de la *Bibliothèque-Charpentier* à 3 fr. 50 le volume (pages 42 à 52).

Ceux qui sont marqués ② ont été, en dehors d'autres formats, publiés dans le format in-18 jésus dit de la *Bibliothèque-Charpentier*.

LITTÉRATURE FRANÇAISE

I. — POÉSIE

			vol.
AICARD (JEAN)	Miette et Noré	①	1
BAIF (A. DE)	Poésies choisies		1
BANVILLE (THÉODORE DE)	Poésies complètes		3
—	Petit traité de poésie française		1
—	Nous tous (poésies nouvelles)		1
—	Sonnailles et Clochettes (Poésies nouvelles.)		1
—	Dans la fournaise		1
BARBUSSE (HENRI)	Pleureuses		1
BERTIN (Mlle)	Nouvelles glanes		3
BLÉMONT (ÉMILE)	Pommiers en fleur		1
BOILEAU DESPRÉAUX	Œuvres poétiques		1
BOUILHET (L.)	Dernières chansons	①	1
BOUCHOR (M.)	Les Chansons joyeuses		1
—	Les Poèmes de l'Amour et de la Mer		1
—	Le Faust moderne		1
—	L'Aurore		1
—	Les Symboles		1
BOUHÉLIER (ST. GEORGES DE)	Églé, *ou les Concerts Champêtres*		1
BRETON (JULES)	Jeanne		1
CANTEL (HENRI)	Les Poèmes du Souvenir		1
CHÉNIER (ANDRÉ)	Poésies	②	1
COUTURIER (CLAUDE)	Chansons pour Toi		1
DAUDET (A.)	Les Amoureuses		1
DESBORDES-VALMORE	(Mme) Poésies		1
DU BELLAY (J.)	Œuvres choisies		1
ESSARTS (E. DES)	Poèmes de la Révolution		1
FRANK (FÉLIX)	La Chanson d'amour		2
GAUTIER (TH.)	Poésies complètes		2
—	Émaux et Camées	②	1
GOLDSCHMIDT (ADALBERT VON)	Ghéa	①	1
GOUDEAU (ÉMILE)	Chansons de Paris et d'ailleurs		1
HARAUCOURT	L'Ame nue		1
—	Seul		1
HOUSSAYE (ARSÈNE)	Poésies complètes		2
HUGO (VICTOR)	Toute la Lyre		2
—	La fin de Satan		1
—	Amy Robsart. — Les Jumeaux		1
—	Les Orientales. — Les Feuilles d'automne	①	1
—	Odes	①	1
—	Ballades. — Les Rayons et les Ombres	①	1
—	Les Chansons des Rues et des Bois	①	1
—	Les Châtiments	①	1
—	Les Chants du Crépuscule. — Les Voix intérieures	①	1
—	Les Contemplations	①	2
—	La Légende des Siècles	①	4
HUGUES (CLOVIS)	Les vocations		1
JEANTET (FÉLIX)	Les Plastiques		1
LAFAGETTE (RAOUL)	Les Aurores		1
LA FONTAINE (J.)	Fables		1
LEMOYNE (ANDRÉ)	Les Charmeuses		1
LORRAIN (JEAN)	L'ombre ardente		1
LOVENJOUL (CH. DE)	Le Rocher de Sisyphe		1
MAGRE (MAURICE)	La Chanson des Hommes		1
MALHERBE (F.)	Poésies		1
MARC (GABRIEL)	Poèmes d'Auvergne		1
MATHIEU (GUSTAVE)	Parfums, Chants et Couleurs		1
MENDÈS (CATULLE)	Poésies complètes		3

II. — ROMANS — CONTES — NOUVELLES, ETC.

			vol.
CONTI (HENRI)	Guignol	①	1
COURMES (ALFRED).	Jours d'Amour.		1
COUTURIER (CLAUDE)	Nise		1
—	L'Inespéré.		1
DALBRET (JEAN) . .	Cousine Hélène		1
DARC (DANIEL). . . .	Revanche posthume		1
—	La Couleuvre.		1
—	Le Péché d'une Vierge.		1
DAUDET (A.).	Fromont jeune et Risler aîné	②	1
—	Jack, suivi de Robert Helmont.	④	2
—	Le Petit Chose.	②	1
—	Lettres de mon moulin	②	1
—	Sapho		1
—	Contes du Lundi.		1
—	Contes choisis.	①	1
—	Le Nabab	②	1
—	Numa Roumestan.	②	1
—	Tartarin de Tarascon, suivi des Lettres de mon Moulin	①	1
—	Les Rois en Exil	④	1
—	Le Trésor d'Arlatan (Coll. Polychrôme). . .		1
—	Soutien de famille		1
DAUDET (Mme A.). . .	Impressions de Nature et d'Art		1
—	Journées de Femmes		1
DAUDET (LÉON A.). .	Hœrès		1
—	L'astre noir		1
—	Les Morticoles		1
—	Suzanne.		1
—	La Flamme et l'Ombre.		1
—	La Corruptrice		1
DAUDET (E.).	Le Roman d'une Jeune Fille.		1
DAYOT (ARMAND). . .	L'Aventure de Briscart.		1
DEPRET (LOUIS). . . .	Voyage de la Vie.		1
DESCHAUMES (ED.). .	Hélène et Jacques	①	1
—	La Kreutzer.		1
DESNOIRESTERRES. .	Les Étapes d'une Passion.		1
DIDEROT.	Jacques le Fataliste		1
—	La Religieuse.		1
DONEL (LUCIEN). . .	Corniche.		1
DUBUT DE LAFOREST.	Les Dames de Lamète.		1
DUPUIT (ALBERT). .	Pauline Tardiveau		1
DURANTY.	Les Six Barons de Septfontaines		1
—	Les Malheurs d'Henriette Gérard.		1
—	Le Pays des Arts.		1
DUVIARD (AUGUSTE).	Silhouettes provinciales		1
ENNE (FRANCIS). . . .	La Vie simple	①	1
ESCOFFIER (HENRI).	Madame Ripert.		1
FABRE (FERDINAND).	Le Roman d'un Peintre		1
—	Julien Savignac.	②	1
—	Le Chevrier	②	1
—	L'abbé Tigrane.	②	1
—	Les Courbezon.		1
—	Mlle de Malavieille.		1
—	Mon oncle Célestin.		1
—	Le Roi Ramire.		1
—	Lucifer		1
—	Barnabé		1
—	Monsieur Jean.		1
—	Madame Fuster.		1
—	Toussaint Galabru		1
—	Norine		1
—	Un Illuminé.		1
—	L'Abbé Roitelet.	①	1
—	Xavière.		1
—	Germy.	①	1
—	Sylviane.		1
—	Taillevent.		1
FERRY (G.).	Scènes de la Vie sauvage au Mexique . . .		1
FÉVRE (HENRY) . . .	Au port d'arme.		1

			vol.
FÈVRE (HENRY) ...	Les Liens factices. . .		1
FICY (PIERRE).	Le Roman d'un Forestier . . .	①	1
FLAUBERT (G.). ...	Madame Bovary . . .		1
—	Salammbô. . .		1
—	Trois Contes. . .		1
—	La Tentation de saint Antoine. . .		1
—	L'Education sentimentale. . .		1
—	Par les champs et par les grèves . . .		1
—	Bouvard et Pécuchet . . .		1
FLEURY (M. DE) ...	Amours de Savants. . .		1
FLORAN (MARY) ...	Daniel Levar. . .	①	1
FORAIN. . .	Comédie parisienne . . .	①	1
FRANCE (H.).	Les Va-nu-pieds de Londres. . .		1
—	Les Nuits de Londres . . .		1
—	Sous le Burnous. . .		1
—	En « Police Court » . . .		1
FRAPIÉ (LÉON).	L'institutrice de province . . .		1
FRESCALY (MARCEL)	Le 6ᵉ Margouillats. . .		1
—	Fleur d'Alfa. . .		1
—	Mariage d'Afrique . . .		1
—	Nouvelles Algériennes. . .	①	1
FULBER (FLORENT). .	L'Echéance. . .	①	1
GALICE (A.)	Don Ignacio . . .		1
GAMOND (PIERRE DE)	L'Épave. . .	①	1
GAUTIER (TH.).	Mademoiselle de Maupin . . .	③	1
—	Le capitaine Fracasse. . .	③	2
—	Le Roman de la Momie. . .	③	1
—	Spirite. . .		1
—	Romans et Contes. . .		1
—	Nouvelles. . .		1
—	Fortunio. . .	②	1
—	Les Jeunes-France. . .	②	1
—	Les Grotesques. . .		1
—	Mademoiselle Dafné . . .	①	1
—	Caprices et zigzags. . .		1
—	Un Trio de Romans. . .		1
—	Partie-carrée. . .		1
GEFFROY (GUSTAVE).	Notes d'un Journaliste. . .		1
—	Le Cœur et l'esprit. . .		1
—	L'Enfermé. . .		1
—	Pays d'Ouest. . .		1
—	L'Apprentie . . .		1
GÉGOUT et MALATO.	Prison fin de siècle. . .	①	1
GIRAUD (EUGÈNE). .	La Fille de M. Toinet. . .		1
GONCOURT (EDMOND DE).	La Fille Élisa. . .		1
—	Les Frères Zemganno. . .	②	1
—	La Faustin . . .		1
—	Chérie. . .		1
GONCOURT (E. et J. DE).	En 18**. . .		1
—	Germinie Lacerteux. . .		1
—	Madame Gervaisais . . .	②	1
—	Renée Mauperin . . .	②	1
—	Manette Salomon . . .		1
—	Charles Demailly. . .		1
—	Sœur Philomène. . .		1
—	Quelques créatures de ce temps. . .		1
—	Idées et Sensations. . .		1
GOUDEAU (ÉMILE). .	Corruptrice. . .		1
GUILLEMOT (GABRIEL).	Le Roman d'une bourgeoise. . .		1
GUINAUDEAU (B.). .	L'abbé Paul Allain . . .		1
GUIRAUD (PAUL). . .	La Vocation de Lolo. . .		1
GYP. . .	Du Haut en Bas . . .		1
—	Le journal d'un Philosophe. . .		1
—	Les gens chics . . .	①	1
—	Le Baron Sinaï. . .		1
HACHE (G.).	Carle et Jacques . . .		1
HARAUCOURT (EDM.).	Amis . . .		1
HENNIQUE (LÉON) . .	La Dévouée. . .		1
—	L'accident de M. Hébert. . .		1
HEPP (ALEXANDRE). .	L'amie de Mᵐᵉ Alice. . .		1

<table>
<tr><td></td><td></td><td align="right">vol.</td></tr>
<tr><td>ZOLA (E.)</td><td>La Conquête de Plassans</td><td>1</td></tr>
<tr><td>—</td><td>La Faute de l'abbé Mouret</td><td>1</td></tr>
<tr><td>—</td><td>Son Excellence Eugène Rougon</td><td>1</td></tr>
<tr><td>—</td><td>L'Assommoir</td><td>1</td></tr>
<tr><td>—</td><td>Une page d'amour</td><td>1</td></tr>
<tr><td>—</td><td>Nana</td><td>1</td></tr>
<tr><td>—</td><td>Pot-Bouille</td><td>1</td></tr>
<tr><td>—</td><td>Au Bonheur des Dames</td><td>1</td></tr>
<tr><td>—</td><td>La Joie de vivre</td><td>1</td></tr>
<tr><td>—</td><td>Germinal</td><td>1</td></tr>
<tr><td>—</td><td>L'œuvre</td><td>1</td></tr>
<tr><td>—</td><td>La Terre</td><td>1</td></tr>
<tr><td>—</td><td>Le Rêve</td><td>1</td></tr>
<tr><td>—</td><td>La Bête humaine</td><td>1</td></tr>
<tr><td>—</td><td>L'Argent</td><td>1</td></tr>
<tr><td>—</td><td>La Débâcle</td><td>1</td></tr>
<tr><td>—</td><td>Le Docteur Pascal</td><td>1</td></tr>
<tr><td>—</td><td>*Les Trois Villes*</td><td>1</td></tr>
<tr><td>—</td><td>Lourdes</td><td>1</td></tr>
<tr><td>—</td><td>Rome</td><td>1</td></tr>
<tr><td>—</td><td>Paris</td><td>1</td></tr>
<tr><td>—</td><td>Le capitaine Burle</td><td>1</td></tr>
<tr><td>—</td><td>Naïs Micoulin</td><td>1</td></tr>
<tr><td>—</td><td>Les Mystères de Marseille</td><td>1</td></tr>
<tr><td>—</td><td>Le Vœu d'une Morte</td><td>1</td></tr>
<tr><td>—</td><td>Thérèse Raquin ② </td><td>1</td></tr>
<tr><td>—</td><td>Madeleine Férat</td><td>1</td></tr>
<tr><td>—</td><td>La Confession de Claude</td><td>1</td></tr>
<tr><td>—</td><td>Contes à Ninon ② </td><td>1</td></tr>
<tr><td>—</td><td>Nouveaux Contes à Ninon ② </td><td>1</td></tr>
<tr><td>—</td><td>En collaboration avec G. DE MAUPASSANT, J.-K. HUYSMANS, LÉON HENNIQUE, H. CÉARD, PAUL ALEXIS : Les Soirées de Médan</td><td>1</td></tr>
<tr><td>DIVERS</td><td>Carnet mondain pour 1883. ① </td><td>1</td></tr>
<tr><td>—</td><td>Le Livre des Têtes de Bois ① </td><td>1</td></tr>
</table>

III. — HISTOIRE — GÉOGRAPHIE — CRITIQUE

<table>
<tr><td>AMAURY-DUVAL</td><td>L'Atelier d'Ingres</td><td>1</td></tr>
<tr><td>BARBOU</td><td>Victor Hugo et son temps ① </td><td>1</td></tr>
<tr><td>BARDOUX</td><td>Dix ans de vie politique</td><td>1</td></tr>
<tr><td>BAROT (ODYSSÉ)</td><td>Hist. de la littérature contemp. en Angleterre.</td><td>1</td></tr>
<tr><td>BALLIÈRE (ACHILLE)</td><td>Souvenirs d'un Évadé de Nouméa</td><td>1</td></tr>
<tr><td>BECQ DE FOUQUIÈRES.</td><td>Documents nouveaux sur André Chénier</td><td>1</td></tr>
<tr><td>—</td><td>Traité général de Versification française. ① </td><td>1</td></tr>
<tr><td>—</td><td>Traité de diction</td><td>1</td></tr>
<tr><td>—</td><td>Poètes français du XVIe siècle</td><td>1</td></tr>
<tr><td>—</td><td>L'Art de la mise en scène</td><td>1</td></tr>
<tr><td>BERGERAT (ÉMILE)</td><td>Le Rire de Caliban</td><td>1</td></tr>
<tr><td>BETTENFELD</td><td>L'Art de l'escrime ① </td><td>1</td></tr>
<tr><td>BIGOT (CHARLES)</td><td>La fin de l'anarchie</td><td>1</td></tr>
<tr><td>BLANC (LOUIS)</td><td>Histoire de la Constitution</td><td>1</td></tr>
<tr><td>BOGDANOVITCH (G^{al})</td><td>La Bataille de Navarin</td><td>1</td></tr>
<tr><td>BRACQUEMOND</td><td>Du Dessin et de la Couleur</td><td>1</td></tr>
<tr><td>BURTY (PHILIPPE)</td><td>Maîtres et Petits Maîtres</td><td>1</td></tr>
<tr><td>CANONGE (GÉNÉRAL)</td><td>Histoire militaire contemporaine</td><td>2</td></tr>
<tr><td>—</td><td>Atlas d'histoire militaire contemporaine. ① </td><td>1</td></tr>
<tr><td>CASTAGNARY</td><td>Salons (1857-1879)</td><td>2</td></tr>
<tr><td>CHAMPION</td><td>La Philosophie de l'Histoire de France</td><td>1</td></tr>
<tr><td>CLAIRIN (ÉMILE)</td><td>Le Cléricalisme de 1789 à 1870</td><td>1</td></tr>
<tr><td>CLARETIE (JULES)</td><td>La Vie à Paris. 1895</td><td>1</td></tr>
<tr><td>—</td><td>La Vie à Paris, 1896</td><td>1</td></tr>
<tr><td>—</td><td>La Vie à Paris, 1897</td><td>1</td></tr>
<tr><td>CLÉMENCEAU (GEORGES).</td><td>Le Grand Pan</td><td>1</td></tr>
<tr><td>COLLET et LE SENNE.</td><td>À propos d'André Chénier</td><td>1</td></tr>
<tr><td>COURRIÈRE</td><td>Histoire de la littérature contemp. en Russie.</td><td>1</td></tr>
<tr><td>—</td><td>Hist. de la littér. contemp. chez les Slaves</td><td>1</td></tr>
</table>

		vol.
GONCOURT (E. et J. DE)	La duchesse de Châteauroux et ses sœurs	1
—	Les Actrices du XVIIIe siècle. Sophie Arnould	1
—	Gavarni	1
—	L'Art du dix-huitième siècle	3
—	Hist. de la Société franç. pend. la Révolution	1
—	Hist. de la Société franç. pend. le Directoire	1
—	Pages retrouvées	1
GONCOURT (E. et J. DE)	Journal	9
GONCOURT (E. et J. DE)	Préfaces et Manifestes	1
GRAND'CARTERET (JOHN)	Musée pittoresque du voyage du Tsar [1]	1
HOUSSAYE (A.)	La Régence	1
—	Louis XV	1
—	Louis XVI	1
—	La Révolution [1]	6
—	Le 41e Fauteuil de l'Académie française	1
HUBBARD (GUSTAVE)	Hist. de la littérature contemp. en Espagne	1
—	Histoire contemporaine de l'Espagne	1
HURET (JULES)	Enquête sur l'Évolution littéraire	1
HUYSMANS (J.-K.)	L'Art moderne	1
IUNG (Général TH.)	Bonaparte et son temps	3
—	Mémoires de Lucien Bonaparte [1]	3
—	L'Armée et la Révolution [2]	2
—	Stratégie. Tactique et Politique	1
—	La République et l'Armée	1
JULLIEN (ADOLPHE)	Airs variés	1
—	Le Romantisme et l'éditeur Renduel [1]	2
JURIEN DE LA GRAVIERE (Amiral)	Guerres maritimes	1
LABOULAYE (E.)	Le Parti libéral	1
—	La Liberté religieuse	1
—	Études morales et politiques	1
—	L'État et ses limites	1
—	Études sur l'Allemagne	3
—	Histoire des Etats-Unis	1
—	Discours populaires	1
—	Derniers discours populaires	1
—	Questions constitutionnelles	1
LAHOR (JEAN)	Histoire de la Littérature hindoue	1
LANFREY (P.)	Histoire politique des Papes	1
—	Études et Portraits politiques	6
LANFREY (P.)	Histoire de Napoléon 1er (5 vol. parus)	1
—	L'Église et les Philosophes	1
—	Essai sur la Révolution française	2
—	Chroniques politiques	2
LACHAUD	Plaidoyers	1
LA JEUNESSE (ERNEST)	L'Imitation de notre maître Napoléon	1
LATOUR (A. DE)	Psyché en Espagne	1
LAURIER (CL.)	Plaidoyers et Œuvres choisies	6
LAVALLÉE (TH.)	Histoire des Français	1
—	Géographie	1
LAVIGNE (ERNEST)	Histoire du Nihilisme russe	1
LAVISSE (ERNEST)	La Vie politique à l'Étranger (1889, 1890, 1891)	3
LEFÉVRE (ANDRÉ)	Histoire de la Ligue d'union républicaine	1
LEGUÉ (Dr)	Urbain Grandier et les possédées de Loudun	1
—	Médecins et Empoisonneurs au XVIIe siècle	1
LEROY-BEAULIEU (ANATOLE)	Un empereur, un roi, un pape, etc.	1
LOUANDRE (CH.)	La Noblesse française sous l'anc. Monarchie	1
LOVENJOUL (VICOMTE SPŒLBERCH DE)	Histoire des œuvres de Théophile Gautier [1]	2
MAISTRE (J. DE)	Du Pape	1
MARCHAND (ALFRED)	Les Poètes lyriques de l'Autriche	1
MASSERAS	Un essai d'empire au Mexique	1
MENDÈS (CATULLE)	Richard Wagner	1
—	L'art au Théâtre en 1895, 1896 et 1897	3
MEUNIER (GEORGES)	Le Bilan littéraire du XIXe Siècle [1]	1
MICHAUD	Louis XIV et Innocent XI	4
MICHIELS (ALFRED)	Histoire secrète du gouvernem. autrichien	1
—	L'invasion prussienne en 1792	1

		vol.
MUSSET (A. DE)	Mélanges de littérature et de critique	1
—	Œuvres posthumes	1
MUSSET (P. DE)	Biographie d'Alfred de Musset	1
NODIER (CH.)	Souvenirs de la Révolution et de l'Empire	2
NOEL et STOULLIG	Annales du théâtre, 1re à 20e année	20
O'NEDY (PHILOTHÉE)	Œuvres en prose	1
PELLET (MARCELIN)	Napoléon à l'île d'Elbe	1
—	Naples contemporaine	1
PILLAUT (LÉON)	Instruments et musiciens	1
POLLIO & A. MARCEL	Le bataillon du 10 août 1792	1
PONNAT (BARON DE)	Hist. des var. et contrad. de l'Eglise romaine	2
PORTALIS (ED.)	Deux Républiques	1
PROTH (MARIO)	Depuis 89	1
PROUST (ANTONIN)	L'Art sous la République	1
REINACH (JOSEPH)	Les Récidivistes	1
—	Le ministère Gambetta	1
—	Le ministère Clémenceau	1
—	La logique parlementaire	1
—	La Politique opportuniste	1
RETZ (CARDINAL DE)	Pensées	1
REVEL (JEAN)	Chez nos ancêtres	1
—	Testament d'un Moderne	1
ROUX (A.)	Histoire de la littérature contemp. en Italie	1
SAINT-MARC GIRARDIN	Cours de littérature dramatique	5
—	Essais de littérature et de morale	2
SAINT-MARC-GIRARDIN	Jean-Jacques Rousseau	1
SAINTE-BEUVE	Tableau hist. et critiq. de la poésie franç., etc.	2
SARDOU	L'heure du spectacle	1
SCHWOB (MARCEL)	Vies imaginaires	1
SILVESTRE (ARMAND)	La Russie	1
SILVESTRE (THÉOPHILE)	Les artistes français	1
SOURY	Portraits du XVIIIe siècle	1
—	Philosophie naturelle	1
STAEL (Mme DE)	De l'Allemagne	1
—	De la littérature, etc	1
—	Considérations sur la Révolution française	2
STEENARCKERS et LE GOFF	Hist. du gouvern. de la défense nation	3
SYLVANECTE	Souvenirs de la Cour impériale à Compiègne	1
THEURIET (ANDRÉ)	Bastien-Lepage (J.), l'homme et l'artiste	1
VIEL-CASTEL (LOUIS DE)	Essai sur le théâtre espagnol	2
WALLON (JEAN)	Le clergé de quatre-vingt-neuf	1
WILDER (VICTOR)	Mozart, l'homme et l'artiste	1
—	Beethoven, sa vie et son œuvre	1
ZOLA	La République et la Littérature	1
—	Mes haines	1
—	Le roman expérimental	1
—	Le naturalisme au théâtre	1
—	Nos auteurs dramatiques	1
—	Les Romanciers naturalistes	1
—	Documents littéraires	1
—	Une Campagne	1
—	Nouvelle Campagne (1896)	1

IV. — ÉCONOMIE POLITIQUE ET SOCIALE, etc.

AIMÉ MARTIN	L'Éducation des Mères de famille	2
BERT (PAUL)	La Morale des Jésuites	1
—	Leçons, Discours et Conférences	1
—	Discours parlementaires	1
BARRÈS (MAURICE)	Sous l'œil des Barbares	1
—	Un homme libre	1
—	Le Jardin de Bérénice	1
—	L'Ennemi des Lois	1
—	Du Sang, de la Volupté et de la Mort	1
—	Les Déracinés	1
—	L'Appel au Soldat	1
—	L'appel au Juge	1
BIGOT (CHARLES)	Les Classes dirigeantes	1
CHAILLEY (JOSEPH)	Paul Bert au Tonkin	1

		vol.
CHARLES (ERNEST.). .	Théories sociales et Politiciens	1
CHÉNIER (ANDRÉ). . .	Œuvres en prose	1
CLÉMENCEAU (GEORGES).	La Mêlée sociale.	1
CONSTANT (B.).	Œuvres politiques.	1
DESMAZE.	La Médecine légale	1
—	Les Crimes et la débauche à Paris..	1
DESMOULINS (CAMILLE)	Œuvres choisies.	2
FRANCE (HECTOR). . . .	L'Armée de John Bull.	1
GAMBETTA (LÉON) . . .	Discours et Plaidoyers politiques. . . . . ①	11
—	— — Édition in-18.	1
GUYOT (YVES).	La Prostitution.	1
—	La Police	1
—	La Traite des Vierges.	1
—	La Comédie socialiste.	1
LABOULAYE (ED.). . . .	Le parti libéral	1
—	Liberté religieuse	1
—	Etudes morales	1
—	L'État et ses limites	1
—	Discours populaires	1
—	Questions constitutionnelles	1
LANFREY (P.)	Etudes et portraits politiques.	1
—	Lettres d'Everard.	1
LEROY-BEAULIEU (P.). .	La question ouvrière au XIXᵉ siècle	1
—	Le travail des femmes au XIXᵉ siècle . . .	1
LEYRET (HENRY)	En plein faubourg.	1
—	Pourquoi aimer ?	1
MACÉ (G.).	La police parisienne. Le service de la sûreté.	1
—	Mon premier crime.	1
—	Un joli monde	1
—	Gibier de Saint-Lazare.	1
—	Mes lundis en prison	1
—	Mon Musée criminel.	1
—	Crimes Impunis	1
MACÉ (JEAN).	Les origines de la Ligue de l'enseignement ①	1
MAISTRE (J. DE).	Du Pape	1
NOEL (OCTAVE).	Autour du foyer.	1
—	Etudes sur l'organisation financière	1
SPULLER (ED.)	Nouvelles conférences populaires.	1
STRAUSS (PAUL)	L'Enfance malheureuse.	1
WEISS (J.-J.) . . . . ,	Le Combat constitutionnel	1

V. — VOYAGES

		vol.
ARÈNE (JULES).	La Chine familière.	1
BADIN.	Saint-Pétersbourg et Moscou. . . . . . ①	1
BOURDE (PAUL)	A travers l'Algérie	1
CARLA SERENA (Mᵐᵉ). .	Les hommes et les choses en Perse	1
—	Seule dans les steppes	1
COTTEAU (EDMOND). .	Promenades dans les deux Amériques . . .	1
DAUDET (Mᵐᵉ ALPHONSE)	Notes sur Londres. . . . . ①	1
DUTEMPLE (ED.)	En Turquie d'Asie.	1
ERNOUF.	Du Weser au Zambèze.	1
FERRY (G.)	Scènes de la vie sauvage au Mexique. . . .	1
FOURNEL (VICTOR). . .	Voyages hors de ma chambre.	1
FRANCE (H.)	Sac au dos à travers l'Espagne.	1
FRESCALY (Lieut. Palat).	Journal de route.	1
GAUTIER (TH.)	Voyage en Russie	1
—	Voyage en Espagne.	1
—	Voyage en Italie	1
—	L'Orient.	2
—	Constantinople.	1
—	Loin de Paris.	1
GAUTIER FILS (TH.). . .	Entre Biarritz et Saint-Sébastien . . . . . ①	1
GÉRARD DE NERVAL. .	Voyage en Orient	2
GONCOURT (ED. & J. DE)	L'Italie d'hier (Voy. *Volumes illustrés*, p. 42).	1
GOURDON (MAURICE). .	A travers l'Aran . . . . ①	1
HUGO (VICTOR).	Voyages.	1
JEANNEST (CH.).	Quatre années au Congo	1
LEMAY (GASTON). . . .	A bord de la *Junon*	1
MICHELET (J.).	La Montagne. . . . . ①	1

vol.

MONCHOISY	La Nouvelle Cythère	1
MONTEIL (EDGAR)	Le Rhin allemand	1
REINACH (JOSEPH)	Voyage en Orient	2
ROSNY (LÉON DE)	Taureaux et Mantilles	1
SIMONIN	Le Grand-Ouest des Etats-Unis	1
SIMONIN	A travers les Etats-Unis	1
THOMAS-ANQUETIL	Aventures et chasses dans l'Extrême-Orient.	3
—	1re partie. Hommes et bêtes	1
—	2e partie. Le sport de l'éléphant	1
—	3e partie. La chasse au tigre	1
VALLÈS (JULES)	La rue à Londres	1
WEISS (J.-J.)	Au pays du Rhin	1

VI. — THÉATRE

AICARD	Othello, ou le More de Venise	1
AJALBERT (JEAN)	La Fille Elisa	1
ALEXIS (PAUL)	Celle qu'on n'épouse pas	1
—	La Fin de Lucie Pellegrin	1
ALEXIS (PAUL) & MÉTÉNIER (OSCAR). Monsieur Betsy		1
—	Les Frères Zemganno	1
—	Charles Demailly	1
ARÈNE (PAUL) et DAUDET (A.). Le Char		1
ARNAULT (ARTHUR). Le Danger		1
BANVILLE (TH. DE). Comédies		1
—	Riquet à la Houppe	1
—	Le Baiser	1
BARRÈS (MAURICE)	Une journée parlementaire	1
BARRUCAND (VICTOR)	Pour le Roi	1
BECQUE (HENRY)	Théâtre complet	2
BERGERAT	Le Capitaine Fracasse	1
—	Théâtre en vers	1
BUSNACH (W.)	Trois pièces	1
BUSNACH (W.) et GASTINEAU. L'Assommoir		1
BUSNACH (W.) et ARTHUR ARNOULD. Zoé Chien-Chien		1
CÉARD HENRY	Tout pour l'honneur	1
—	Les Résignés	1
CLERC (GEORGES)	Macbeth	1
COURTELINE (GEORGES). Boubouroche		1
—	La Peur des coups	1
DANCOURT	Comédies	1
DARC	Folie de Valentine	1
DAUDET (A.)	Théâtre	2
DAUDET (A.) et ELZÉAR (P.). Le Nabab		1
A. DAUDET ET A. BELOT. Sapho		1
DESTREM	L'Heureux naufrage	1
DUVERT (F.-A.)	Théâtre choisi. Tomes II, III et IV (*épuisés*).	6
FABRE (FERDINAND). L'hospitalière		1
GAILHARD ET GHEUSI. Guernica		1
GASSIER (ALFRED). Alceste		1
GAUTIER (TH.)	Théâtre	1
GAUTIER (JUDITH)	La Marchande de Sourires	1
GINISTY ET SAMSON. Louis XVII		1
GOLDSCHMIDT (ADALBERT VON). Ghéa		1
GONCOURT (EDM. DE). A bas le progrès		1
—	Manette Salomon	1
GONCOURT (ED. et J. DE). Théâtre		1
—	Henriette Maréchal	1
—	Germinie Lacerteux	1
—	La Patrie en danger	1
HARAUCOURT	Shylock	1
—	Héro et Léandre	1
—	La Passion	1
—	Don Juan de Mañara	1
HAUPTMANN (G.)	Les Tisserands	1
HENNIQUE (LÉON)	Jacques Damour	1
—	Deux patries	1
HEROLD (A. FERDINAND). Les Perses		1

			vol.
HERVILLY (E. D'). . .	La Fontaine des Beni-Menad.	①	1
	Poquelin père et fils	①	1
HERVILLY (E. D') et GRÉVIN.	Le Bonhomme Misère.	①	1
HUGO (VICTOR) . . .	Théâtre en liberté		1
HUGO (VICTOR). . . .	Ami Robsart. — Les Jumeaux		1
JOURDAIN (FRANTZ).	Le Gage		1
JULLIEN (JEAN).	Le Théâtre vivant		1
LAUNAY (A. DE) . . .	Le Supplice d'une Mère	①	1
LEFÈVRE (GEORGES).	Le Faune.	①	1
LIORAT et ARNOULD.	La Belle aux cheveux d'or.	①	1
LORRAIN (JEAN) . .	Yanthis	①	1
MARSOLLEAU	Le bandeau de Psyché.	①	1
MENDÈS (CATULLE)..	La Femme de Tabarin	①	1
	Le Docteur Blanc	①	1
—	L'Art au Théâtre 1895.		1
—	L'Art au Théâtre 1896		1
—	L'Art au Théâtre, 1897.		1
MENDÈS (C.) & COURTELINE (G.).	Les Joyeuses Commères de Paris.		1
MÉTÉNIER (OSCAR) & LORRAIN (JEAN).	Très Russe.	①	1
MIRBEAU (OCTAVE) . .	Les Mauvais Bergers.	①	1
—	L'Épidémie.	①	1
MONTÉGUT (MAURICE).	Les Noces noires.	②	1
MUSSET (A. DE) . . .	Comédies	②	3
—	Œuvres posthumes.		1
—	Bettine	④	1
MUSSET (A. DE) . . .	Le Chandelier	①	1
NOEL (ÉDOUARD).. . .	Deidamie.	①	1
—	Attendez-moi sous l'Orgue	①	1
NOEL (EDOUARD) ET PATÉ (LUCIEN).	Prologue à Bérénice. . . .	①	1
PERRIN (JULES) ET COUTURIER (CLAUDE).	Les Fenêtres.		1
—	L'Inquiétude.	①	1
QUILLARD (PIERRE). .	Philocktètès.	①	1
RAYMOND (CHARLES).	Don Carlos.	④	1
RICHEPIN (JEAN) . . .	Par le Glaive.	①	1
—	La Glu.	①	1
—	Nana-Sahib.	①	1
—	Le Flibustier.	①	1
—	Monsieur Scapin	①	1
—	Le Mage	①	1
—	Vers la joie	①	1
—	Le Chemineau..	①	1
—	Théâtre Chimérique		1
—	La Martyre	①	1
—	Le chien de garde.	①	1
RIVET (GUSTAVE) . . .	Le Cimetière Saint-Joseph..	①	1
	Juana.		1
ROSTAND (EDMOND) .	Les Romanesques.	①	1
—	La Princesse lointaine	①	1
—	La Samaritaine.	①	1
—	Cyrano de Bergerac	①	1
SAINT-LUTH.	Siva	①	1
SAMSON (CHARLES).	Richelieu	①	1
SCHOLL (AURÉLIEN) .	L'Amant de sa femme	①	1
SILVESTRE (ARMAND)	Tristan de Léonois	①	1
THEURIET (ANDRÉ). .	Raymonde.	①	1
VAUCAIRE (MAURICE).	Valet de Cœur	①	1
—	Le poète et le financier.	①	1
—	L'Amoureuse Amitié	①	1
—	Les Girouettes	①	2
VIGNY (A. DE)	Théâtre	①	1
WEBER (PIERRE) et MUHLFELD (LUCIEN).	Dix ans après. . . .	①	1
WILDER (VICTOR) . .	Enguerrande.	①	1
ZOLA (E.).	Théâtre..	②	1
—	Les Héritiers Rabourdin	①	1
—	Thérèse Raquin	①	1
—	Renée.	①	1
—	Messidor		1
ZOLA (E.) et GALLET (LOUIS).	Le Rêve	①	1
—	L'Attaque du Moulin.	①	1

VII. — MÉMOIRES ET CORRESPONDANCES

		vol.
AISSÉ (Mlle)	*Lettres*, suivies des **LETTRES PORTUGAISES**.	1
ALEXANDRE (CH.)	Souvenirs sur Lamartine.	1
ALEXIS (PAUL)	Emile Zola. — Notes d'un Ami.	1
BANVILLE (TH. DE)	Mes Souvenirs.	1
BARBIER	Journal.	1
BARROT (ODILON)	Mémoires.	8
BARTHÉLEMY (COMTE DE)	Gazette de la Régence. (1)	4
BASHKIRTSEFF (MARIE)	Journal d'une Jeune Fille.	1
—	Lettres.	2
BERGERAT (ÉMILE)	Théophile Gautier.	1
BUSSY-RABUTIN	Mémoires, suivis de l'Hist. amour. des Gaules.	1
CAYLUS (Mme DE)	Souvenirs et Correspondance.	2
CHASLES (PHILARÈTE)	Mémoires.	1
DAUDET (LÉON)	Alphonse Daudet.	2
DELACROIX	Lettres.	1
DELZANT (ALIDOR)	Les Goncourt.	2
DU CHATELET (Mme)	Lettres.	1
ÉPINAY (Mme D')	Mémoires.	1
FERRAND (LA PRÉSIDENTE)	Lettres.	2
FLAUBERT (G.)	Correspondance	1
FRÉRON	Les Confessions de Fréron (1719-1776).	4
GALIANI (L'ABBÉ)	Lettres.	1
GONCOURT (J. DE)	Lettres.	2
GONCOURT (ED. ET J. DE)	Journal.	1
GRAFFIGNY (Mme DE)	Lettres.	9
GYP	Le Journal d'un philosophe.	1
HAMILTON	Mémoires du Chevalier de Grammont.	1
HÉLOÏSE & ABÉLARD	Lettres	1
HUGO (VICTOR)	Choses vues	1
KAGENECK (BARON DE)	Lettres au baron Alströmer	1
LANFREY (PIERRE)	Correspondances. (1)	1
LESPINASSE (Mlle DE)	Lettres.	2
LESPINASSE (Mlle DE) & LA MARQUISE DU DEFFAND. Lettres. (1)		1
LUDANA	Lettres à répondre	1
MONTLUC (L. DE)	Correspondance de Juarez et de Montluc.	1
MONTPENSIER (Mlle DE)	Mémoires.	1
MOTTEVILLE (Mme DE)	Mémoires.	4
MUSSET (P. DE)	Biographie d'Alfred de Musset.	4
OBERKIRCH (Baronne D')	Mémoires.	1
ORLÉANS (Duchesse D')	Correspondance	2
REGNAULT (H.)	Correspondance	2
RETZ (CARDINAL DE)	Mémoires.	1
ROUSSEAU (J.-J.)	Confessions.	4
SATYRE MÉNIPPÉE	De la vertu du Catholicon	1
SCHANNE (A.)	Souvenirs de Schaunard	1
STAEL (Mme DE)	Mémoires. (1)	1
STENDHAL	Journal	1
—	La Vie d'Henri Brulard	1
—	Souvenirs d'Egotisme.	1
VIGÉE LE BRUN (Mme)	Souvenirs.	2
VITROLLES (BARON DE)	Mémoires et Relations politiques (1)	3
—	Correspondance entre le baron de Vitrolles et Lamennais. (1)	1
WEISS (J.-J.)	Combat constitutionnel.	1

CLASSIQUES FRANÇAIS (ÉDITIONS LOUANDRE)

		vol.
BOILEAU-DESPRÉAUX	Œuvres poétiques.	
BOSSUET	Discours sur l'Histoire universelle	1
CORNEILLE (P. & TH.)	Œuvres.	1
LA BRUYÈRE	Les Caractères.	2
LA FONTAINE (J.)	Fables.	1
MOLIÈRE	Œuvres complètes	1
MONTAIGNE	Essais.	3
PASCAL (B.)	Pensées. (2)	4
—	Les Provinciales.	1
RACINE (J.)	Théâtre complet.	1
VOLTAIRE	Siècle de Louis XIV	1

vol.

PHILOSOPHIE ET RELIGION

BOSSUET	Œuvres philosophiques	1
CONFUCIUS & MENCIUS	Les quatre Livres	1
DESCARTES	Œuvres	1
MAHOMET	Le Koran	1
MALEBRANCHE	Entretiens sur la Métaphysique	1
—	Méditations chrétiennes	1
—	De la Recherche de la Vérité	2
PIERRE VICTOR	Les Évangiles et l'Histoire	1
SAINT AUGUSTIN	Les Confessions	1
SOURY (JULES)	Jésus et les Évangiles	1
—	Bréviaire de l'Histoire du Matérialisme	① 1
WALLON (JEAN)	Emmanuel	1
—	Jésus et les Jésuites	1
—	Un Collège de Jésuites	1

CLASSIQUES GRECS

ARISTOPHANE	Comédies, traduction Zévort	1
DÉMOSTHÈNE et ESCHINE	Chefs-d'œuvre, traduction Stiévenart	1
ESCHYLE	Théâtre, traduction Pierron	1
EURIPIDE	Théâtre, traduction Pessonneaux	2
HÉRODOTE	Histoire, trad. Larcher revue par Pessonneaux	1
HOMÈRE	Iliade	1
—	Odyssée, traduction Pessonneaux	1
LES GRANDS POÈTES DE LA GRÈCE	Extraits et notices par PESSONNEAUX	1
LUCIEN	Œuvres choisies, traduction de Bellin de Ballu, revue et corrigée par Émile Pessonneaux	1
MARC-AURÈLE	Pensées, traduction Pierron	1
PLATON	Œuvres complètes, trad. Saisset et Chauvet	10
PLUTARQUE	Vies des Hommes illustres, trad. Pierron	4
ROMANS GRECS	Traduction Zévort	1
SOPHOCLE	Théâtre, traduction Pessonneaux	1
THÉOCRITE	Œuvres, traduction R. Pessonneaux	1
THUCYDIDE	Hist. de la guerre du Péloponèse, trad. Zévort	2
XÉNOPHON	Œuvres complètes, traduction Pessonneaux	2

CLASSIQUES LATINS

CÉSAR	Commentaires. — Guerre des Gaules, traduction Ch. Louandre	1
CICÉRON	Discours pour Archias. — Caton ou de la Vieillesse. — Lélius ou de l'Amitié. — Traduction Pessonneaux	1
HORACE	Œuvres poétiques, traduction Patin	2
—	Odes, traduction Patin ②	1
LUCRÈCE	De la Nature, traduction Crouslé	1
PLINE LE JEUNE	Lettres, traduction Pessonneaux	1
SALLUSTE	Œuvres, traduction Pessonneaux	1
SUÉTONE	Les douze Césars, traduction Pessonneaux	1
TACITE	Œuvres complètes, traduction Ch. Louandre	2
TÉRENCE	Comédies, traduction Talbot	2
VIRGILE	Œuvres complètes, traduction Pessonneaux	2
—	Les Bucoliques et les Géorgiques ②	1

LITTÉRATURE ANGLAISE

BAROT (ODYSSE)	Hist. de la littérature contemp. en Angleterre	1
BEECHER STOWE (Mme H.)	La Case de l'oncle Tom, trad. Belloc	1
BYRON (LORD)	Don Juan	2
CHANNING	Œuvres sociales, traduction Laboulaye	1
GOLDSMITH	Le Vicaire de Wakefield, traduction Belloc	1
GREEN (JOHN-RICHARD)	Histoire du Peuple anglais, trad. Hunt	1
JENKINS (ED.)	La Chaîne du Diable, traduction Amero	1
LAMB (CHARLES)	Essais choisis, recueillis, annotés par L. Dépret	1
LYTTON (LORD ROBERT)	Fables lyriques, trad. Odysse Barot	1
LYTTON (SIR EDWARD BULWER)	Œuvres dramatiques. Traduction, Georges Duval	1

		vol.
MACAULAY	Histoire de la Révolution anglaise en 1688, traduction Montégut	2
—	Histoire du règne de Guillaume III, traduction Pichot	4
MILTON	Le Paradis perdu, traduction Pongerville	1
SHAKSPEARE	Œuvres complètes, traduction B. Laroche	6
SHERIDAN	Théâtre, traduction Georges Duval	1
STERNE	Vie et opinions de Tristram Shandy. — Voyage sentimental, etc., traduction de Wailly	1

LITTÉRATURE ALLEMANDE

		vol.
GŒTHE	Wilhelm Meister, trad. Th. Gautier fils	2
—	Théâtre, traduction Stapfer et Gautier fils	2
—	Poésies, traduction Blaze	1
—	Faust, traduction Blaze	1
—	Affinités électives, traduction C. Selden	1
—	Mémoires, traduction Carlowitz	2
—	Correspondance, traduction Carlowitz	2
—	Conversations, traduction Delerot	2
—	Werther, traduction P. Leroux ②	1
HOFFMANN	Contes fantastiques, traduction X. Marmier	1
KLOPSTOCK	La Messiade, traduction Carlowitz	1
LESSING	Théâtre, traduction Félix Salles	3
SCHILLER	Guerre de Trente Ans, traduction Félix Salles	1
—	Poésies, traduction X. Marmier	1
—	Théâtre, traduction X. Marmier	3
WAGNER	Souvenirs, traduction C. Benoît	1
—	Musiciens, Poètes et Philosophes	1

LITTÉRATURE ITALIENNE

		vol.
ALFIERI	Mémoires, trad. de M. Antoine de Latour	1
BOCCACE	Décaméron, traduction Reynard	2
—	Décaméron, trad. Reynard, edition compacte	1
DANTE	La Divine Comédie, traduction Brizeux	1
—	La Vita Nuova, traduct. Max Durand-Fardel	1
FARINA (SALVATOR)	Mon fils, traduction de F. Reynaud	1
LEOPARDI	Poésies, traduction Carré ④	1
LE TASSE	Jérusalem délivrée, traduction Desplaces	1
MACHIAVEL	Œuvres politiques, traduction Périès	1
—	Œuvres littéraires, traduction Périès	1
MANZONI	Les Fiancés, traduction Rey-Dusseuil	1
—	Théâtre et poésies, traduction A. de Latour	1
MAZZINI (JOSEPH)	Essais	1
PÉTRARQUE	Rimes, traduction F. Reynard	1
ROUX (AMÉDÉE)	Histoire de la littérature contemp. en Italie	1
SILVIO PELLICO	Mes Prisons, traduction F. Reynard ②	1

LITTÉRATURE ESPAGNOLE

		vol.
CALDERON	Théâtre, traduction Damas-Hinard	3
CERVANTES	Don Quichotte de la Manche, tr. Damas-Hinard	2
HUBBARD (GUSTAVE)	Histoire de la littérature contemp. en Espagne	1
LOPE DE VEGA	Théâtre, traduction Damas-Hinard	2
MURO GASPAR	La princesse d'Eboli, traduction Weil ④	1

LITTÉRATURE RUSSE

		vol.
COURRIÈRE	Histoire de la littérature contemp. en Russie	1
TOLSTOÏ (LÉON)	Plaisirs vicieux	1
—	Plaisirs cruels	1

LITTÉRATURE POLONAISE

		vol.
MICKIEWICZ	Chefs-d'œuvre poétiques	

LITTÉRATURE SLAVE

		vol.
COURRIÈRE	Hist. de la littérature contemp. chez les Slaves	

ALFRED DE MUSSET

— ŒUVRES COMPLÈTES —

ÉDITION ILLUSTRÉE DE NOMBREUSES GRAVURES SUR BOIS

D'APRÈS LES COMPOSITIONS INÉDITES DE NOS MEILLEURS ARTISTES

Parues en livraisons à 10 cent. et en séries à 50 cent. comprenant 5 livraisons

Réunies, ces livraisons forment cinq magnifiques volumes in-8° d'environ 500 pages chacun

I. **Poésies.** — II. **Nouvelles et Contes.** — III. **Comédies et Proverbes** (1re *série*).
IV. **Comédies et Proverbes** (2e *série*) et **Mélanges.**
V. **Confession d'un enfant du siècle ; Œuvres posthumes.**

Chaque volume est vendu séparément.

Prix : Broché. . . . **7** *fr.* — Cartonné. . . . **10** *fr.*

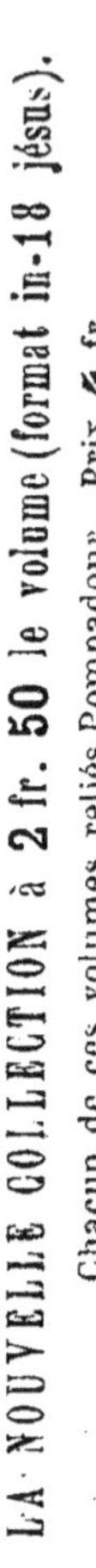

OUVRAGES DEJA PARUS